쿵쾅툭탁 힘과 운동 이야기

교과서가 쉬워지는 교과서 12
쿵쾅툭탁 힘과 운동 이야기
초판 1쇄 발행 2025년 8월 20일

글쓴이 김성호 | 그린이 김고은 | 펴낸이 김민지 | 펴낸곳 미래M&B
등록 1993년 1월 8일(제10-772호) | 주소 서울시 마포구 동교로 134(서교동 464-41) 미진빌딩 2층
전화 (02)562-1800(대표) | 팩스 (02)562-1885(대표)
전자우편 mirae@miraemnb.com | 홈페이지 www.miraei.com
블로그 blog.naver.com/miraeibooks | 인스타그램 @mirae_ibooks

ISBN 978-89-8394-975-2 (74080) | ISBN 978-89-8394-656-0 (세트)

＊잘못 만들어진 책은 구입처에서 바꾸어 드립니다.
＊이 책은 저작권법에 따라 한국 내에서 보호받는 저작물이므로 무단 전재와 복제를 금합니다.

아이의 미래를 여는 힘, **미래 i 아이**는 미래M&B가 만든 유아·아동 도서 브랜드입니다.

교과서가 쉬워지는 교과서 12

쿵쾅툭탁
힘과 운동 이야기

김성호 글 | 김고은 그림

미래 i 아이

 작가의 말

"물리학은 자연의 언어다."

1965년 노벨 물리학 수상자였던 미국의 물리학자 리처드 파인먼이 한 말이야. 이보다 물리학을 잘 표현한 문구가 있을까 싶을 정도로 멋진 말이라고 생각해.

과학 교과서에는 그런 구분이 없지만, 사실 과학에는 여러 분야가 있어. 생명을 다루는 생명과학, 지구의 탄생과 바다와 땅 등을 연구하는 지구과학, 고체, 액체, 기체와 같은 물질을 연구하는 화학, 마지막으로 자연 현상을 이해하고 설명하는 물리학이 있어. 이 책의 주제인 힘과 운동은 물리학에서 다루는 주요 개념들이야. 힘과 운동을 이해하려면 두 명의 위대한 과학자 이야기를 빼놓을 수 없겠네. 이탈리아 물리학자 갈릴레이와 영국 물리학자 뉴턴이야.

물리학은 번개가 치고, 바람이 불고, 비가 내리는 자연 현상이 왜 일어나는지를 연구하는 학문이야. 말하자면 자연이 낸 수수께끼를 푸는 과학이라고 말할 수 있어. 하지만 과학적 지식이 부족했던 옛날에는 이런 자연 현상을 신의 뜻이라고 믿거나 철학적으로 이해하려고만 했어.

예를 들어 고대 그리스의 가장 뛰어난 학자였던 아리스토텔레스는 세상의 모든 물질은 흙, 불, 물, 공기 이렇게 4가지 원소로 이뤄져 있다고 주장했어. 또 물체가 땅에 떨어지는 것은 땅이 물체의 고향이기 때문이라고 말하기도 했어. 서구 사회는 이런 주장을 2천 년 가까이 옳다고 믿었어. 자연 현상을 실험이나 관찰로 이해하고 분석하는 게 아니라 책 속의 이론으로, 기독교라는 종교의 교리라는 관점에서 가르쳤기 때문이야.

  이런 낡고 비과학적이고 오래된 관행에 도전을 내민 사람이 16세기 이탈리아의 물리학자 갈릴레이였어. 갈릴레이는 실험과 관찰을 통해 그동안 옳다고 믿었던 아리스토텔레스의 이론을 하나하나 무너뜨렸어. 그래서 사람들은 갈릴레이를 근대 물리학의 아버지라고 불러. 갈릴레이의 바통을 이어받은 뉴턴은 만유인력 법칙과 힘과 운동의 관계를 설명한 운동 법칙을 발견해 물리학의 토대를 세웠어.

  이 책은 두 물리학자가 발견한 이론들을 중심으로 힘과 운동을 다루고 있어. 재미있게 읽어 주면 기쁠 거야.

김성호

차 례

작가의 말 … 4

1장 철학자와 물리학자

물리학이란 무엇일까? … 10
철학자가 왜 물리학을? … 12
슈퍼 천재 아리스토텔레스 … 15
우박과 갈릴레이 … 18
피사의 사탑 실험의 진실 … 20
깃털이 늦게 떨어지는 이유 … 25
이건 알고 있니? 별점 보는 아르바이트를 하는 천문학자들 … 28

2장 인공위성은 어떻게 해서 계속 도는 걸까?

중력과 만유인력은 뭐가 다르지? … 36
우리는 왜 만유인력을 느끼지 못할까? … 38
우주는 정말 무중력 공간일까? … 41
북극과 적도의 몸무게가 다르다고? … 47
뉴턴의 사과 … 53
뉴턴의 대포 … 56
인공위성은 왜 추락하지 않을까? … 61
중력이 없으면 어떻게 될까? … 65

3장 힘과 운동

파워(Power)가 아니라 포스(Force)입니다! ⋯ 70
힘의 종류 ⋯ 72
운동과 역학 ⋯ 76
이건 알고 있니? 고전역학과 양자역학 ⋯ 80
제1 법칙, 관성의 법칙 ⋯ 82
제2 법칙, 가속도의 법칙 ⋯ 86
제3 법칙, 작용 반작용의 법칙 ⋯ 93
이건 알고 있니? 왜 과학 용어에는 일본식 한자어가 많을까? ⋯ 98

4장 위로 뜨는 힘, 부력

부력이란? ⋯ 102
부력은 왜 생길까? ⋯ 104
타이티닉호의 문짝 ⋯ 107
쇠로 만든 배가 물에 뜨는 이유 ⋯ 111
사라진 내 몸무게는 어디로 갔지? ⋯ 115
명탐정 아르키메데스 ⋯ 118
이건 알고 있니? 사람을 태운 풍선, 열기구 이야기 ⋯ 124

5장 다른 듯 닮은꼴인 두 개의 힘, 전기와 자기

플러스 전기와 마이너스 전기 ⋯ 130
전기란 자유전자의 흐름이다 ⋯ 133
전자와 전류의 이동 방향이 다르다고 교과서에서 가르치는 이유 ⋯ 137
정전기의 정체 ⋯ 140
자석의 역사 ⋯ 143
자석을 아무리 쪼개도 N극과 S극을 가지는 이유 ⋯ 145
전기는 자기를 낳고, 자기는 전기를 낳는다 ⋯ 147
이건 알고 있니? 나침반 N극과 S극이 바뀐다고? ⋯ 150

1장
철학자와 물리학자

물리학이란 무엇일까?

몸이 아플 때 우리는 증상에 맞춰 어느 병원을 갈지 결정해. 예를 들어, 뼈가 부러지면 정형외과를, 눈병이 났을 때는 안과를, 목과 귀가 아플 때는 이비인후과를 가야 해. 의사들이 배우는 의학은 굉장히 범위가 넓어서 이렇게 전문 분야로 나뉜단다.

과학도 마찬가지야. 생명을 다루는 생명과학, 지구의 탄생과 바다와 땅 등을 연구하는 지구과학, 고체, 액체, 기체와 같은 물질을 연구하는 화학, 마지막으로 이 책의 주제인 물리학이 있어.

물리학은 어떤 과학일까? 번개가 치고, 바람이 불고, 비가 내리는 등 자연에서 일어나는 다양한 현상이 왜 일어나는지를 연구하는 학문이야. 말하자면, 자연의 수수께끼를 푸는 과학이라고 할 수 있겠네.

과학 지식이 턱없이 부족했던 아주 오랜 옛날 사람들은 이런 자연에서 발생하는 다양한 현상의 원인을 알지 못했어. 그래서 신기해하면서 동시에 두려워했어. 아침이면 해가 뜨고 저녁이면 해가 지는 것조차 그들에게는 경이로운 일이었거든.

어떤 사람은 이 모든 게 신의 뜻이라 생각했어. 그래서 농부들은 가뭄이 오래가면 제발 비 좀 내려 달라고 하늘에 기우제라는 제사를 지냈어. 바닷가에 사는 어부들은 물고기를 많이 잡게 해 주고, 풍랑 같은 자연재해로부터 보호해 달라며 풍어제라는 제사를 지냈어. 반면 '그거 안다고 내 인생이 뭐 달라지나?' 하며 자연 현상을 그냥 있는 그대로 받아들인 사람도 있었어. 또 어떤 사람은 자연이 낸 수수께끼를 풀기 위해 인생을 걸기도 했어. 그들이 바로 인류 최초의 물리학자들이야. 그들은 정체는 고대 그리스 철학자들이었어.

철학자가 왜 물리학을?

철학자라는 단어를 들으면 어떤 이미지가 떠오르니? 두툼한 돋보기안경에 덥수룩한 수염을 하고 평범한 사람은 절대 읽지 않을 어렵고 두꺼운 책을 뒤적이는 모습이 떠오르지 않니? 이런 철학자들이 하얀 실험 가운을 입고 자석이나 전선으로 실험하는 모습은 정말이지 상상하기 힘들어.

하지만 철학자가 과학, 특히 물리학을 하는 것은 2500년 전 그리스에서는 흔하고 자연스러운 일이었어. 사실 그럴 수밖에 없기도 했고. 오랜 옛날에는 철학이 유일한 학문이었거든.

철학을 영어로 필로소피(Philosophy)라고 해. 그 뜻은 '지혜에 대한 사랑'이야. 풀이하면, 모르는 것을 탐구하고 연구하는 학문이란 뜻이야. 그래서 초기 철학은 세상의 모든 것을 탐구와 연구 대상으로 삼았어. 즉, 철학은 인류 최초의 학문이야. 문학, 역사학, 과학, 의학, 경제학까지 우리가 배우는 다양한 학문은 철학이란 굵은 줄기에서 갈라져 나온 가지들이란다.

피타고라스의 정리로 잘 알려진 고대 그리스 수학자 피타고

라스의 원래 직업은 철학자였어. 화학 용어인 '원자'라는 말을 처음 만든 데모크리토스도 그 시대의 철학자였고. 그뿐만이 아니야. 의대생들이 졸업식에서 낭송하는 의료인의 윤리 강령 '히포크라테스 선서'로 유명한 히포크라테스라는 의사가 있어. 이 히포크라테스 이전에 '의학의 아버지'라 불리는 분이 알크마이온인데 이분도 철학자였어.

오늘날 우리가 사용하는 '과학(Science)'이라는 단어, 그리고 이 과학에서 물리학, 생명과학, 화학, 지구과학으로 분야가 나뉜 것은 대략 300년 전부터야. 300년 전이라니, 생각보다 오래되지 않았지? 그전까지 사람들은 이 학문을 '자연 철학'이라고 불렀어.

아이작 뉴턴이라는 과학자 이름을 들어 봤을 거야. 사과나무에서 떨어진 사과를 보고 만유인력의 법칙을 발견했다는 17세

프린키피아

프린키피아(Principia)는 라틴어로 '원리'를 뜻한다.

기의 유명한 영국 과학자 말이야. 1687년 뉴턴은 자신이 발견한 이 만유인력의 법칙을 세상에 소개하는 책을 썼어. 그 책의 제목이 라틴어로 『프린키피아(Principia)』야. 원래 제목은 『자연 철학의 수학적 원리』지. 제목처럼, 뉴턴은 살아 있는 동안 자신을 자연 철학자라고 생각했어. 또 세계에서 가장 오래된 과학 저널은 1665년 영국에서 출판된 『왕립학회 철학회보』야.

슈퍼 천재 아리스토텔레스

세계 최초의 물리학 책은 2300년 전 그리스에서 발표된 『자연학』이야. 그리스어로 쓰인 제목은 '피지카(Physica)'야. 영어로 물리학을 피직스(Physics)라고 하는데, 피직스는 이 피지카에서 유래한 말이야.

『자연학』을 쓴 작가는 그리스 철학자 아리스토텔레스야. 이분은 그냥 평범한 철학자가 아니야. 걸어 다니는 백과사전이라 불릴 만큼 역사상 가장 놀라운 천재 중 한 명이지. 문학도 잘하고, 수학도 뛰어나고, 정치학도 빠삭하고, 심지어 의학과 과학 지식도 해박해. 오늘날 우리가 학교에서 배우는 논리학이라는 학문을 처음 고안하신 분도 아리스토텔레스란다.

그렇다고 해서 아리스토텔레스가 늘 옳았다는 것은 아니야. 원숭이도 나무에서 떨어진다는 속담처럼, 천재 아리스토텔레스도 터무니없는 주장을 하곤 했어. 대표적인 것이 이의 개수야. 아리스토텔레스는 남자가 여자보다 이가 많다고 말했어. 남자가 여자보다 월등하다는 게 그 이유였지. 물론 이것은 사실이 아니야. 남자든 여자든 일반적인 성인의 치아는 32개로 같아. 또 아리스토텔레스는 무게가 다른 두 물체를 같은 높이에서 떨어뜨리면 무거운 쪽이 먼저 땅에 떨어진다고 주장했어.

"물체가 땅에 떨어지는 이유는 땅이 모든 물체의 고향이기 때문이다. 그리고 무거운 물체가 먼저 떨어지는 이유는 무거울수록 고향에 빨리 돌아가고 싶어 하기 때문이다."

아리스토텔레스의 이 주장을 어떻게 생각하니? 뭔가 말이 안 되는 우스갯소리 같지만, 옛날 유럽인들은 이 말을 진지하

게, 오랫동안, 철석같이, 그리고 의심 없이 믿었어. 그것도 2천 년 동안이나 말이야.

만일 누군가가 아리스토텔레스의 이론이 틀렸다고 말하거나, 이상하다고 의문을 품으면 그 사람은 "어허! 불경하게, 어딜!" 하며 눈총을 받아야 했어. 왜일까? 오랫동안 유럽인의 정신세계를 지배한 교회가 아리스토텔레스 이론을 강력하게 지지했기 때문이야. 종교재판에 회부되어 목숨을 잃는 과학자들도 있었어. 그 당시 아리스토텔레스의 이론은 곧 법이고 진리였어. 그런데 이 신성한 아리스토텔레스의 주장에 정면으로 도전장을 내밀었던 이탈리아 과학자가 있었어. 바로 갈릴레오 갈릴레이야.

우박과 갈릴레이

갈릴레오 갈릴레이는 1564년 이탈리아의 몰락한 귀족 가문의 장남으로 태어났어. 이름인 갈릴레오와 성인 갈릴레이가 굉장히 비슷하지? 이것은 장남에게는 성을 겹쳐 쓰는 이탈리아 토스카나 지방 풍습 때문이야.

아버지 빈센초 갈릴레이는 아들이 훗날 돈을 많이 버는 의사가 되어 몰락한 집안을 다시 일으켜 세우기를 원했어. 그래서 아들을 의대에 입학시켰지. 하지만 갈릴레이는 의학보다는 수학에 더 흥미를 보였는데, 이 사실을 안 아버지는 화가 나서 학비를 끊어 버렸어. 별수 없이 그는 아르바이트로 가정교사를 하며 학비를 벌어야 했단다.

그러던 어느 날이었어. 갈릴레이가 학교 안을 걷고 있는데 "후드득!" 우박이 떨어졌어. 무심코 우

아야! 오, 무거운 우박이랑 가벼운 우박이 동시에 떨어졌는데?

박을 지켜보던 갈릴레이는 문득 이상하다는 생각이 들었어.

'아리스토텔레스는 무거운 물체가 먼저 떨어진다고 했어. 그런데 내가 보기에는 가벼운 우박과 무거운 우박이 동시에 떨어지는데?'

갈릴레이는 자신의 생각을 교수에게 이야기했어. 교수는 "그럴 리가 있나! 자네가 잘 못 본 거겠지." 하며 갈릴레이의 말을 귀담아듣지 않았어. 그도 그럴 것이, 그 교수는 아리스토텔레스 말이라면 팥으로 메주를 쑨다고 해도 믿는 열혈 아리스토텔레스주의자였거든. 당시 유럽 과학 교육의 현실이 이랬어. 실험이나 관찰은 소홀히 하고 이론 위주로 학생들에게 과학을 가르쳤지. 하지만 갈릴레이는 그런 나태한 학자들과 달랐어. 그는 자기 생각이 맞았는지 틀렸는지를 직접 확인하고 싶었어.

피사의 사탑 실험의 진실

갈릴레이와 얽힌 가장 유명한 일화는 아마도 피사의 사탑 실험일 거야. 피사의 사탑이란 이탈리아 토스카나주 피사라는 도시에 있는 55미터 높이의 원형 탑을 말해. 탑이 앞으로 살짝 기울어져 있으므로 목을 길게 빼지 않아도 물체가 어떻게 떨어지는지 확인하기가 좋았어. 갈릴레이는 이 탑 꼭대기에서 무게가 다른 공 두 개를 떨어뜨렸는데, 공들은 동시에 떨어졌다고 해. 이 실험은 지구가 물체를 끌어당기는 힘의 정체를 밝히는 실험이었어. 이 힘을 중력이라고 한단

다. 갈릴레이의 실험을 통해 모든 물체는 무게와 상관없이 같은 속도로 떨어진다는 것이 증명되었어. 아리스토텔레스가 틀렸고, 갈릴레이가 옳았던 거야.

하지만 갈릴레이가 피사의 사탑에서 실험했다는 이야기는 사실이 아니야. 그런 기록도 없고, 그것을 목격한 사람도 존재하지 않아. 단지, 갈릴레이가 다니던 대학이 피사에 있을 뿐이야. 아마도 사람들이 들으면 재미있으라고 누군가 꾸며 낸 이야기일 거야.

그렇다면 갈릴레이는 어떻게 중력을 실험했을까? 실제로 갈릴레이가 한 것은 사고 실험이야. 사고 실험이란 머릿속에서 생각만으로 하는 실험을 말해. 쉽게 말해 시뮬레이션이야. 보통 시뮬레이션은 컴퓨터로 작업하지만, 컴퓨터가 아직 발명되지 않았던 시절에는 과학자들이 사고 실험을 즐기곤 했어. 갈릴레이가 한 사고 실험은 대략 이런 내용이야.

여기, 쇠공 두 개가 있어. 첫 번째 쇠공의 무게는 2kg이고 두 번째 쇠공은 1kg이야. 위대한 아리스토텔레스의 이론에 따르면, 무거운 물체가 먼저 떨어지므로 두 공을 같은 높이에서 떨어뜨리면 2kg짜리 공이

먼저 땅에 닿을 거야. 그럼 두 공을 실 같은 것으로 연결하면 어떻게 될까?

왼쪽 공이 오른쪽 공보다 가벼우므로, 오른쪽 공이 먼저, 그리고 왼쪽 공이 나중에 떨어질 거야. 문제는 이 과정에서 오른쪽 공의 원래 낙하 속도까지 덩달아 느려진다는 점이야. 왜냐하면, 오른쪽 공의 입장에서 보면 낙하 속도를 멈추게 하는 낙하산을 매달고 있는 것과 다름 없으니까.

그런데 다시 곰곰이 생각해 보면 두 개의 공은 하나로 연

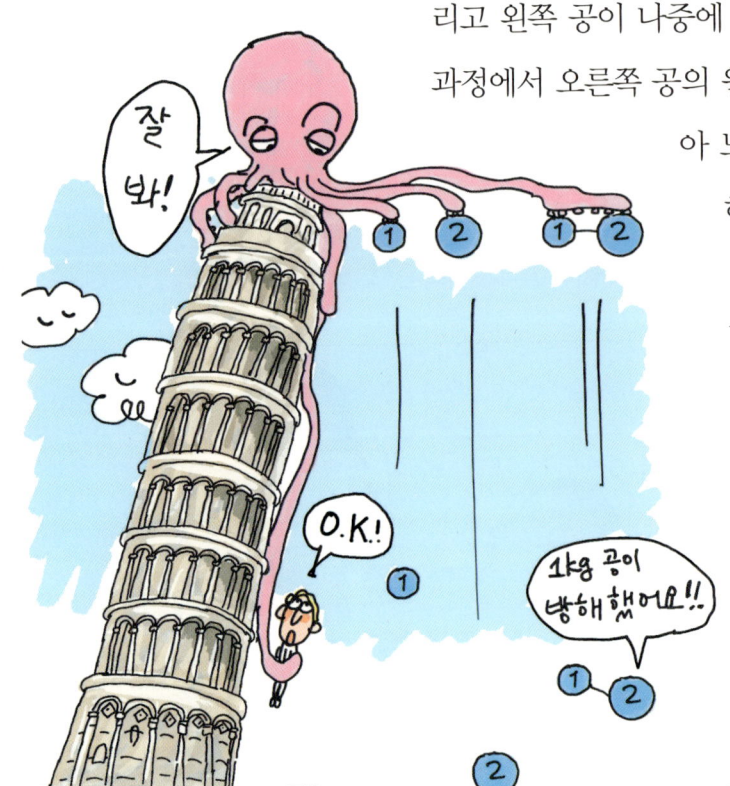

결되어 있잖아? 그럼 무게가 3kg인 새로운 물체라고 생각할 수도 있겠지? 즉, 3kg으로 더 무거워진 이 새로운 물체는 2kg 공의 낙하 속도보다 빠르게 땅에 떨어질 거야. 아리스토텔레스는 무거운 물체일수록 빨리 떨어진다고 했으니까.

그런데 이거 좀 이상하지 않니? 두 개의 공을 연결한 물체의 낙하 속도는 2kg 공보다 빠르면서 동시에 늦는, 말이 안 되는 결론이 발생해. 마치 평화를 사랑하는 전쟁주의자나, 과묵한 수다쟁이 같은 모순이 발생하는 거야. 이런 모순이 발생하는 근본적인 원인은 바로 하나야. 무거운 물체가 먼저 떨어진다는 아리스토텔레스의 이론 때문이지. 그런데 모든 물체는 무게와 관계없이 똑같이 떨어진다고 가정해 버리면 어떻게 될까? 놀랍게도 이런 모순은 절대로 발생하지 않아. 즉, 아리스토텔레스의 주장이 틀린 거야.

놀랍지 않니? 갈릴레이는 머릿속에서 했던 사고 실험만으로 2천 년 동안 불변의 진리로 여겨진 아리스토텔레스의 이론을 보기 좋게 무너뜨렸어.

갈릴레이는 과학을 철학 수업처럼 이론으로만 가르쳤던 낡은 관행에 도전장을 던진 사람이었어. 그는 제대로 된 과학이란 칠판 앞이 아니라 실험실에서 실험과 관찰을 통해 증명하는 것임을 몸소 보여 줬단다. 철학으로부터 과학을 독립시킨 갈릴레이. 그래서 사람들은 그런 갈릴레이를 '과학의 아버지'라고 불러.

깃털이 늦게 떨어지는 이유

묵직한 볼링공과 가벼운 깃털을 같은 높이에서 동시에 떨어뜨리면 어떻게 될까? 볼링공이 먼저 땅에 닿아. 볼링공은 슈욱 하며 곧바로 떨어지지만, 깃털은 공중에서 하늘거리며 천천히 떨어지거든. 뭔가 이상하지 않니? 갈릴레이는 실험을 통해 물체

의 무게와 상관없이 똑같은 속도로 떨어지는 것을 증명했어. 그렇다면 볼링공과 깃털도 동시에 떨어져야 하잖아? 갈릴레이가 틀린 것일까?

아니야, 갈릴레이의 주장은 틀리지 않았어. 깃털이 볼링공보다 늦게 떨어진 것은 공기가 깃털의 낙하를 방해했기 때문이야. 즉, 깃털이 바람에 날리듯 하늘거린 것은 공기가 있었기 때문이야. 이런 공기의 방해를 물리학에서는 공기 저항이라고 불러.

물론 볼링공도 떨어지는 과정에서 깃털처럼 공기 저항에 부딪혀. 그런데 볼링공은 공기 저항을 이겨 낼 만큼 충분히 무겁기 때문에 빠르게 떨어질 수 있었어. 하지만 깃털은 너무 가벼워서 공기 저항을 이기지 못해 바람에 날리듯 하늘거렸던 거야.

만일 공기 저항이 없는 상태에서 같은 실험을 다시 한다면 망치와 깃털은 동시에 떨어질 거야. 공기 저항이 없는 상태란, 공기가 없는 진공 상태를 말해. 우주가 바로 그런 곳이야. 우주 공간은 공기가 없거든.

1971년 미국 정부는 달에서 이 실험을 했어. 달에 착륙한 아폴로 15호의 선장 데이비드 스콧은 한 손에는 1.3킬로그램의 알루미늄 망치를, 다른 손에는 망치보다 훨씬 가벼운 30그램의 매 깃털을 들고 같은 높이에서 동시에 떨어뜨렸어. 그랬더니 정말로 두 물체는 동시에 땅에 떨어졌어. 갈릴레이의 주장이 옳았다는 것이 다시 한 번 증명되는 순간이었지. 실험을 마친 스콧은 다음과 같이 말했어.

"오늘 우리가 여기 달에 도착한 것은 수백 년 전 갈릴레오 갈릴레이라는 위대한 과학자가 중력에 대해 알아낸 위대한 발견 덕분입니다. 그분의 발견을 확인하기에 이 달만큼 좋은 장소는 없다고 생각했습니다. 그리고 역시 갈릴레오는 옳았습니다."

뭐, 천문학자가 점을 본다고???

별점 보는 아르바이트를 하는 천문학자들

이건 알고 있니?

오, 저기 사자 한 마리 보이네, 어흥?!

아이, 무서워라.

　네 별자리가 뭔지 알고 있니? 1월 말에 태어난 친구라면 물병자리이고, 10월 초에 태어난 친구라면 천칭자리야. 이런 별자리는 모두 12개인데, 이것을 황도 12궁이라고 불러. 황도란 하늘에서 태양이 지나가는 길이란 뜻이며, 12궁은 이 황도상에 있는 12개의 별자리를 의미해. 사람들은 이 별자리로 오늘의 운세와 앞으로 다가올 운명을 점치기도 해.

　별자리를 처음 만든 사람은 고대 중동 지역에 살던 유목민이었어. 정확하게는 지금의 이라크 남부 지역이지. 유목민은 양과 같은 가축에게 먹일 풀이 있는 곳, 즉 초원을 찾아 밤에도 이동을 많이 했어. 그러다 보니 자연스럽게 밤하늘을 올려다볼 일이 많았어. 긴 여행에 무료했던 그들은 별들을 요렇게 저렇게 연결하면서 "저건 사자랑 닮았구먼.", "저건 물병이랑 비슷해.", "활시위를 당기는 궁수 같지 않아?" 하며 별자리에 신화 속 인물과 동물과 사물 등의 이름을 붙였어. 별자리 이름은 이렇게 탄생했단다.

　시간이 흐르면서 이 별자리로 사람의 운명을 점치는 학문이 생겨났어. 이것을 점성학, 혹은 점성술이라고 해. 원래 점성술은 달과 해와 같은 천체를 연구하는 천문학에서 갈라져 나왔어. 세상에서 가장 오래된 과학이 뭔지 혹시 알아? 바로 천문학이야.

　수천 년 전부터 인류는 하늘을 주의 깊게 관찰하면서 규칙성을 발견하려고 애를 썼어. 규칙성만 알아내면 날씨와 계절 변화를 어느 정도 예측할 수 있었어. 이런 예측은 농사를 짓는 데 큰 도움이 되었을 뿐만 아니라 자연재해를 대비하게 해 주었고, 달력을 만들 수도 있게 해 주었지. 예를 들어, 고대 이집트인들은 시리우스가 지평선 위로 떠오르면 곧 장마가 시작되어 나일강이 넘친다는 것을 알고 미리 홍수를 대비했어. 이처럼 고대 천문학은 밤하늘의 별을 헤아리는 낭만적인 학문이 아니라 먹고사는 문제가 걸린 생존 기술이었어.

　그런데 일부 천문학자 중에는 이런 천체의 변화를 인간의 성격이나 운명과 연관 짓는 사람들이 있었어. 그들이 점성술사야. 점성술사들은 처음에는 하늘을 보면서 올해 농사가 어떻게 될 것인지, 다음 전쟁에서 승리할지 패배할지를 점쳤어. 이후 시간이 흐르면서 점성술사들은 민간 사회로 깊숙이 들어가 개인의 운명과 운세를 보기 시작했어. 말하자면, 점성술의 대중화가 시작된 거야.

"그래, 여자 친구가 있다고?"

"네, 내년에 결혼할 생각입니다."

"당장 헤어져! 그래야 진짜 인연이 나타나."

이런 식이었지.

하지만 이런 점성술사의 예언이나 예측에는 과학적 증거나 타당성이 없어. 과학자들은 점성술을 미신이나 사이비 과학으로 취급했어. 이런 따가운 비난에도 불구하고 민간에서는 점을 보려는 사람들이 우글우글했어.

놀라운 일도 아닐 거야. 태양계로 우주선을 쏘아 보내고 인공지능 기술이 발달한 현대 사회에도 용하다는 무당집이나 타로 점 가게 앞으로 사람들이 줄을 서고 있으니까. 하물며 과학적 사고 수준이 낮았던 과거에는 오죽했을까? 그래서 중세까지는 천문학자들이 점성술을 봐 주고 돈을 버는 일이 흔했어. 대표적인 천문학자가 노스트라다무스와 케플러야.

노스트라다무스는 16세기 프랑스의 의사 겸 천문학자 겸 점성술사였어. 그리고 역사상 가장 유명한 예언가이기도 하지. 노스트라다무스의 예언 중에는 프랑스 왕 앙리 2세의 갑작스러운 죽음, 런던 대화재, 나폴레옹과 히틀러의 등장, 원자력 시대의 예언, 심지어 2001년 미국에서 발생한 9.11 테러가 있어.

요하네스 케플러는 갈릴레오 갈릴레이와 같은 시대에 살았던 독일의 천문학자야. 두 사람은 서로 닮은 점이 많았어. 갈릴레이가 아리스토텔레스의 중력 이론에 도전했다면, 케플러는 아리스토텔레스의 천동설에 반대하고 지동설을 주장한 사람이야. 천동설이란 지구는 가만히 있고 태양을 비롯해 모든 천체가 지구를 중심으로 회전한다는 이론이고, 지동설은 그 반대로 지구가 태양을 중심으로 회전한다는 이론이야.

케플러는 천문학을 연구하다 돈이 궁하면 점성술사로 변신해 별점을 봐 주고 생활비를 벌었어. 진리를 추구하는 과학자로서 미신 같은 별점이나 봐 주는 자신이 얼마나 한심했을까? 케플러는 점을 보러 온 고객들을 보며 "멍청이들, 돈들이 썩었구먼. 이딴 쓸데없는 점이나 보러 오다니!" 하며 투덜대곤 했다고 하지.

그런데 말은 그렇게 하면서도 정작 자신은 점성술 책도 쓰고, 노스트라다무스처럼 예언도 많이 했어. 특히 케플러는 1595년에 곧 독일에서 농민 봉기가 일어

나고, 오스만 제국에 침략을 당할 것이며, 올겨울은 매우 추울 거라고 예언했어. 놀랍게도 케플러의 예언은 모두 적중했어. 이 일로 케플러는 아주 용한 점성술사로 소문이 나 큰 인기를 얻었다고 해.

2장
인공위성은 어떻게 해서 계속 도는 걸까?

 **중력과 만유인력은 뭐가 다르지?**

　1장에서 우리는 갈릴레오 갈릴레이의 낙하 실험을 알아보았어. 모든 물체가 무겁든 가볍든 똑같이 땅으로 떨어지는 것은 지구가 물체를 끌어당기는 힘이 있기 때문이야. 정확하게는, 지구 중심 쪽으로 끌어당기는 힘이야. 이 힘을 물리학에서는 중력이라고 불러.

　이 중력과 비슷한 뜻을 가진 단어가 하나 더 있어. 만유인력이야. 만유인력이라는 말의 뜻을 쉽게 풀이하면, '세상 모든 만물은 서로 끌어당기는 힘, 즉 인력을 가지고 있다.'야. 그러니까 만유인력은 물체들끼리 서로 끌어당기는 힘이고, 중력은 이런 만물 중에서 지구와 달 같은 천체가 물체를 끌어당기는 힘을 말한단다.

　요약하면, 만유인력과 중력은 비슷하지만, 만유인력이 중력을 포함하는 좀 더 큰 개념이야. 비유하자면 이 둘은 면 요리와 라면의 관계라고 말할 수 있겠네. 면 요리에는 국수, 스파게티, 냉면, 쌀국수, 라면 등등이 있고, 라면은 이 면 요리에 속해. 여기서 면 요리를 만유인력으로, 라면을 중력으로 바꿔 생각하면 이해하기 쉬울 거야.

 ## 우리는 왜 만유인력을 느끼지 못할까?

그런데 이상하지 않니? 만유인력 이론대로라면 인간을 포함한 모든 물체는 자석처럼 서로 착 달라붙어 있어야 해. 하지만 현실에서 그런 일은 일어나지 않아. 사과를 향해 손을 뻗어도 사과는 내 손안으로 빨려 들어오지 않아. 정말로 만유인력이 존재하기는 하는 걸까?

만유인력은 분명히 존재해. 단지 우리가 느끼지 못할 뿐이야. 만유인력은 질량을 가진 물체들 사이에서 작용하는 힘이야. 질량이란 물체가 가진 고유한 힘의 양인데, 무게와 비슷해. 질량에 대해서는 뒤에서 자세하게 설명하도록 할게.

아무튼, 물체가 무거울수록 서로 끌어당기는 힘도 강해져. 그런데 무겁다는 수준이 코끼리나 트럭, 대형 유조선 정도가 아니야. 그 정도로는 어림도 없어. 지구나 달과 같은 행성만큼 무거워야 끌어당기는 힘을 우리는 실감할 수 있어. 대표적인 것이 지구가 물체를 끌어당기는 중력이야.

그에 비하면 우리 인간과 사과와 빌딩과 코끼리와 자동차는 하찮을 정도로 가벼우므로 우리는 일상에서 만유인력을 느낄 수 없는 거야.

예를 들어 볼까? 체중 50킬로그램인 두 사람이 1미터 거리에 있을 때, 서로 잡아당기는 만유인력의 크기는 약 1700만분의 1 이야. 1700만분의 1이라니! 너무 미미한 수준이라 우리는 전혀 느낄 수가 없는 거야.

또 만유인력은 거리가 가까울수록 강해지고, 멀수록 끌어당기는 힘이 약해져. 예를 들어, 밀물과 썰물이 일어나는 이유는 달이 지구의 바닷물을 끌어당기기 때문이야. 이렇게 밀물과 썰물 때문에 해수면이 높아지거나 낮아지는 현상을 조석이라고 하고, 조석을 일으키는 달의 힘을 조석력이라고 해.

그럼 태양은 어떨까? 태양은 달보다 훨씬 무거워. 그래서 태양도 지구의 밀물과 썰물에 영향을 미쳐. 하지만 태양의 조석력은 달보다 약해. 태양이 달보다 훨씬 멀리 있기 때문이야. 지구에서 태양까지 거리는 지구와 달 사이 거리의 약 390배야.

'아웃 오브 사이트, 아웃 오브 마인드(Out of sight, out of mind)'라는 영어 속담이 있어. 눈에서 멀어지면, 마음도 멀어진다는 뜻이야. 친구든, 연인이든 가족이든, 서로 너무 멀리 떨어져 있으면 끌리는 마음도 약해지고 만다는 의미야.

만일 우리 인간의 마음에도 만유인력의 법칙이 있다면, 이 속담은 인간 심리를 가장 잘 표현한 문장이 아닐까?

우주는 정말 무중력 공간일까?

우주를 배경으로 한 영화를 보면, 우주 비행사가 마치 물속을 떠다니듯이 우주선 내부를 두둥실 떠다니면서 이동하는 장면이 자주 나와. 마치 아이언맨처럼 말이야.

영화에서만 그런 것은 아니야. 실제 우주 정거장이나 우주선 내부를 보도하는 뉴스를 보면 거기서 지내는 우주인들은 허공에 둥둥 떠다니며 생활해. 그래서 우주는 중력이 없는, 무중력 공간이라는 믿음이 오랫동안 널리 퍼져 있었어. 하지만 이것은 잘못 알려진 상식이야. 우주에서 무중력 공간은 사실 존재하지 않아.

밤하늘은 수많은 별과 행성들로 빼곡하게 들어차서 거의 빈 틈이 없는 것처럼 보여. 하지만 실제 우주의 대부분은 텅 빈 곳이야. 어느 정도로 텅 비어 있냐 하면 지구로부터 가장 가까운 천체인 달과 지구 사이에는 태양계의 8개 행성 전부가 들어갈 정도야.

달과 지구 사이의 거리가 이렇게 멀어도 달과 지구는 서로가 서로에게 강력한 중력을 행사해. 달의 중력으로 지구의 바다에는 하루 두 번 썰물과 밀물이 발생해. 또 지구가 강력하게 끌어당기는 중력 때문에 달은 지구를 벗어나지 못하고 지구 주변을

별과 행성은 어떻게 다를까?

흔히 우리는 밤하늘에 반짝이는 모든 천체를 별, 영어로 스타(Star)라고 부른다. 하지만 과학적으로 별과 행성은 엄연히 다른 천체다. 별은 태양이나 시리우스처럼 스스로 빛나면서 제자리에 있는 천체를 가리키는 말인데 '항성'이라고도 한다. 반면 행성은 지구나 목성, 토성처럼 빛을 내지 않으면서 움직이는 천체이다.

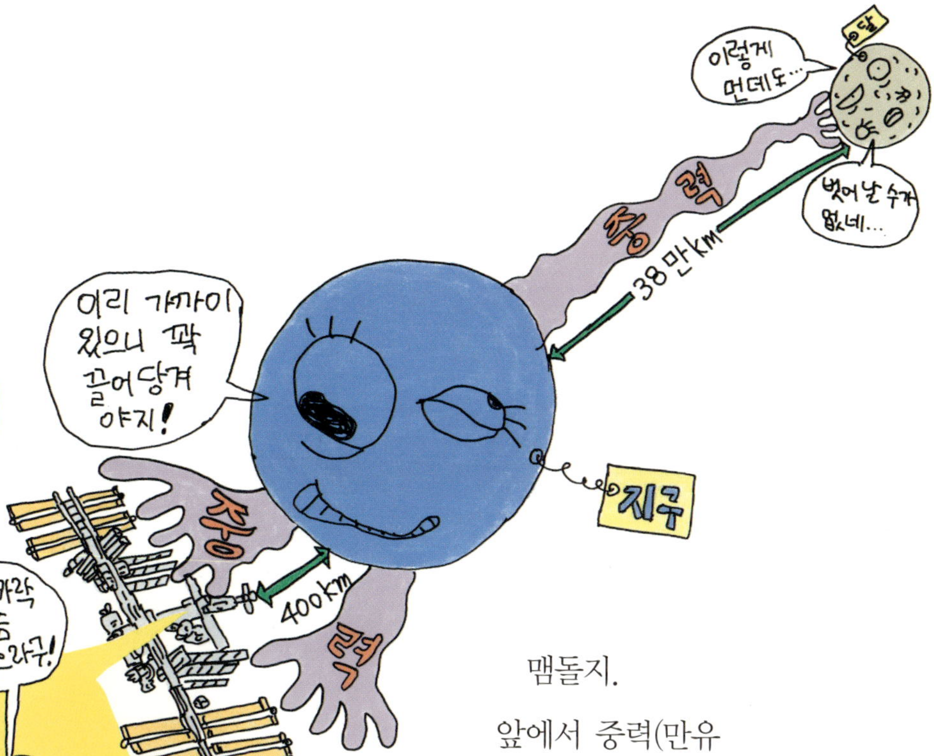

맴돌지.

앞에서 중력(만유인력)은 두 물체의 거리가 가까울수록 강해지고, 멀수록 약해진다고 했잖아? 지구와 달의 거리는 약 38만 킬로미터야. 그런데 우주 정거장은 지구로부터 고작 400킬로미터 떨어져 있을

태양계 8개 행성이란?

태양계 행성이란, 태양을 중심으로 도는 천체를 말한다. 태양계 행성에는 수성, 금성, 지구, 화성, 목성, 토성, 천왕성, 해왕성, 이렇게 8개가 있다.

뿐이야. 달보다 훨씬 가까운 우주 정거장에 지구의 중력이 없을 리가 없잖아?

그렇다면 우주 정거장의 우주인들은 왜 중력이 없는 것처럼 둥실둥실 떠서 생활할까? 그 이유는 바로 중력 말고 또 다른 힘이 작용하고 있기 때문이야. 그 힘은 바로 원심력이야.

원심력이란, 팽이처럼 빙글빙글 원운동을 하는 물체가 바깥으로 튀어 나가려는 힘이야. 육상 종목 중에 원반던지기가 있어. 원반을 쥔 상태로 제자리에서 몇 바퀴 회전하다가 갑자기 손을 놓으면 원반이 "휙!" 하고 날아가. 회전 속도가 빠를수록 원반은 멀리 날아간단다. 바로 원심력의 원리를 이용한 것이야.

또 운동장 트랙을 달리다가 곡선 구간에 진입하면 나도 모르게 몸이 바깥으로 기우뚱 쏠리는 걸 느낄 수 있어. 이것도 원심력이야.

우주 정거장은 인공위성처럼 빙글빙글 원운동을 해. 이때 우주 정거장에는 두 개의 힘이 동시에 작용해. 밑으로 끌어내리려는 지구의 중력과 밖으로 벗어나려는 원심력이야. 튀어 나가려는 원심력이 아래로 끌어내리는 중력의 힘을 상쇄시키기 때문에 우주 정거장의 우주인은 마치 중력이 없어진 것처럼 느껴지는 '무중력 상태'가 돼.

그래도 여전히 이해가 안 되는 친구들은 물을 가득 채운 양동이의 손잡이를 쥐고 빙글빙글 돌린다고 생각해 봐. 양동이에 든 물은 중력 때문에 쏟아져야 하지만, 양동이가 회전하는 동안에는 물이 그대로 고여 있어. 마치 중력이 없는 것처럼 말이야. 원심력이 중력의 힘을 무력화시키기 때문이야.

결론! 무중력 상태란 중력이 0이 아니라 중력의 효과가 없는 상태를 말해.

북극과 적도의 몸무게가 다르다고?

몸무게가 얼마야? 40킬로그램? 45킬로그램? 우리는 자신의 몸무게를 확인하기 위해 체중계에 올라서지. 그리고 체중계 숫자가 가리키는 숫자를 보면서 "저번보다 살이 빠졌네."라든가 "살이 쪘다!"라고 판단해. 몸무게뿐만이 아니야. 마트에서 파는 라면이나 밀가루 같은 상품 포장지에는 250g이나 1.2kg 같은

상품의 무게 혹은 중량 표시가 되어 있어.

하지만 우리가 당연히 무게라고 알고 있는 g(그램), kg(킬로그램) 등은 무게를 표시하는 단위가 아니야. 그것은 질량을 나타내는 단위야.

앞에서 질량은 그 물질이 가진 고유한 양이라고 설명했어. 여기서 우리는 '고유하다'는 단어에 주목할 필요가 있어. 고유하다는 것은 '변하지 않는다'는 뜻이야. 즉, 질량은 그 값이 변하지 않아. 만일 사과의 질량이 1kg이면 이 사과의 질량은 달에서 측정해도, 목성에서 측정해도, 안드로메다은하에서 측정해도 변함없이 1kg이야. 그럼 무게는 뭘까? 무게는 이 질량에 중력 가속

도 9.8을 곱한 값을 말해. 중력 가속도란 물체가 낙하할 때 1초마다 변하는 속도인데, 그 속도가 9.8m/s²이거든.

사용하는 단위도 달라. 무게는 N(뉴턴)이라는 단위를 사용해. 질량이 1kg인 사과의 무게는 1kg×9.8=9.8N, 즉 9.8N이 사과의 무게야.

질량은 고유한 양이기 때문에 어디서 측정해도 그 값은 변하지 않지만, 무게는 달라. 무게는 지구와 중력이 다른 우주에서

측정하면 변해. 중력이 변한다는 것은 바꿔 말하면 중력 가속도가 변한다는 뜻이거든. 예를 들어, 달은 지구 중력의 6분의 1이야. 그 말은 달의 중력 가속도가 지구의 6분의 1이라는 뜻이기도 해. 예를 들어, 지구에서는 몸무게가 600N인 사람이 달에 가면 6분의 1인 100N으로 줄어들어. 그래서 지구인이 달에 가면 몸이 갑자기 가벼워져서 폴짝폴짝 뛰어다닐 수 있단다.

반대의 경우도 있어. 목성은 지구 중력의 약 2.5배야. 그 말은 목성의 중력 가속도가 지구 중력 가속도의 약 2.5배라는 뜻이야. 그래서 지구인이 목성에 가면 갑자기 몸무게가 2.5배로 늘어나. 몸이 갑자기 너무 무거워져서 한 발짝 발걸음을 떼는 것조차도 힘겨울 거야.

재미있는 사실은, 같은 지구라고 해도 어디서 측정했느냐에 따라 무게가 달라진다는 점이야. 적도에서는 가벼워지고 극지방인 북극이나 남극에 가면 무거워져. 이 두 지역의 몸무게 차이는 약 0.5퍼센트야. 즉, 북극에

서 몸무게가 600N인 사람이 적도에 가면 597N이 되는 거야. 이렇게 몸무게 차이가 나는 이유는 원심력이 다르기 때문이야.

우리가 사는 지구는 자전을 해. 자전이란 팽이처럼 제자리에서 빙글빙글 도는 것을 말해. 즉, 자전은 원운동이야. 그리고 원운동을 하는 물체는 원심력이 발생하지.

그런데 지구의 원심력 크기는 적도 지방이 강하고, 북극이나 남극 같은 극지방이 약해. 앞에서 원심력은 중력을 약화시키는 힘이라고 했잖아? 따라서 원심력이 큰 적도의 중력은 상대적으로 작아지고, 중력이 작아지면 무게는 가벼워져. 극지방은 그 반대야. 극지방은 원심력이 약해. 그렇기 때문에 상대적으로 중력이 커지고, 중력이 커지면 무게는 많이 나가. 그래서 적도에서 몸무게를 측정하면 가벼워지고, 극지방에서 측정하면 무거워지는 거야.

이처럼 질량과 무게는 뜻도 다르고, 사용하는 단위도 다르고, 심지어 표현도 달라. 질량은 '크다', '작다'라고 말하지만, 무게는 '무겁다', '가볍다'라고 표현하거든. 그런데도 일상에서 사람들은 여전히 질량을 무게로 사용하고 있어. 이유는 하나야. 너무 귀찮고 번거롭기 때문이야.

무게가 얼마인지 알기 위해 먼저 질량을 측정하고 거기에 매번 9.8을 곱한다고 생각해 봐. 안 그래도 바쁜 세상에서 이 얼마나 귀찮은 일이야? 정확성과 엄밀함을 추구하는 과학자라면 이

둘을 엄격하게 구분해야겠지만 평범한 사람들은 굳이 그렇게까지 질량과 무게를 엄격하게 구분해서 써야 할 필요는 없어. 평범한 사람 대부분은 죽을 때까지 우주로 나갈 일도 없으니까. 그래서 일상생활에서는 측정이 간편한 질량을 그냥 무게로 사용하고 있는 거야.

뉴턴의 사과

만유인력(중력)의 법칙을 처음 알아낸 사람은 17세기 영국의 물리학자 아이작 뉴턴이야. 뉴턴은 미국인 물리학자 알베르트 아인슈타인과 더불어 물리학 역사에서 가장 중요한 인물이야. 그럼 지금부터 위대한 물리학자 뉴턴에 대해 한번 알아보도록 할까?

뉴턴은 갈릴레이가 사망한 1642년의 성탄절에 태어났어. 어릴 적 아이작 뉴턴은 말이 없고 친구가 없는 외로운 아이였어. 농장을 운영하던 부모는 아들도 농장을 이어받기를 원했지만, 아이작 뉴턴은 그게 싫어서 부모와 자주 다투곤 했어. 머리가 비상했던 뉴턴

은 공부를 선택했고 1661년 영국의 명문 케임브리지 대학에 들어갔어.

그런데 4년 후인 1665년, 영국에 흑사병이 돌았어. 흑사병은 쥐의 몸에 기생하는 벼룩이 옮기는 전염병으로, 당시 런던 인구 5명 중 1명이 흑사병으로 사망할 정도로 무시무시했어. 케임브리지 대학도 흑사병으로 문을 닫자, 뉴턴은 하는 수 없이 고향 집으로 내려왔어.

그러던 어느 날, 뉴턴은 고향 집 정원 사과나무에서 사과가 떨어지는 것을 보고 만유인력의 법칙을 깨달았어. 뉴턴의 일화

중에서 가장 유명한 이야기야.

그런데 물체가 땅에 떨어진다는 것은 오래전부터 다들 알고 있는 사실이었어. 원시인도 알고 있었고, 2300년 전의 아리스토텔레스도 알고 있었고, 갈릴레이도 알고 있었어. 사과가 사과나무에서 떨어지는 거야 딱히 새삼스러울 것도 없는 일이었지. 사실 뉴턴이 발견한 것은 '사과 같은 물체는 중력에 의해 땅에 떨어진다.'가 아니었어.

'사과는 떨어지는데 왜 달은 안 떨어지는 거야?'

뉴턴이 진짜로 알고 싶었던 것은 바로 이것이었어.

 **뉴턴의 대포**

물리학은 자연 현상을 설명하는 법칙을 발견하는 과학이야. 그런데 옛날 물리학자들은 자연 현상이 일어나는 이 세계가 두 개로 나뉘어 있다고 믿었어.

첫 번째 세계는 우리가 사는 지상계야. 두 번째 세계는 해와 달이 있는 천상계, 즉 우주야. 옛날 과학자들은 지상계의 물리 법칙은 오직 지상계에서만 통하고, 천상계에는 지상계와 다른 물리 법칙이 존재한다고 생각했어.

만유인력(중력)도 마찬가지라고 생각했어. 과학자들은 물체가 땅에 떨어지는 현상은 지구에서만 일어난다고 주장했지. 그게 아니

공전이란?

지금도 지구는 두 개의 원운동을 동시에 하고 있다. 하나는 팽이처럼 제자리에서 회전하는 원운동이고, 다른 하나는 인공위성처럼 태양 주위를 크게 회전하는 원운동이다. 지구가 제자리에서 회전하는 것을 자전이라고 하고, 태양 주위를 회전하는 것을 공전이라고 부른다. 지구의 자전으로 아침과 밤이 바뀐다면, 지구의 공전으로 봄, 여름, 가을, 겨울 같은 계절이 바뀐다.

라면 달도 지구를 향해 떨어져야 하는데, 달은 추락하기는커녕 유유히 지구 주위를 공전하고 있잖아? 그건 우주가 속한 천상계에는 지상계의 만유인력, 즉 중력 법칙이 통하지 않는 증거라고 믿었단다.

그런데 뉴턴은 이런 과학자들의 생각에 의심을 품었어.

'달은 정말로 떨어지지 않는 것일까?'

그래서 뉴턴은 한 가지 사고 실험을 했어. 갈릴레이가 물체는 무게와 상관없이 똑같은 속도로 떨어진다는 것을 증명하기 위해 머릿속으로만 했던 그 사고 실험을 뉴턴도 한 거야. 뉴턴의 사고 실험 대상은 대포였어. "펑!" 하고 쏘는 그 대포 말이야.

언덕에 대포를 올려놓고 "펑!" 하고 한 발 쏴. 공기 저항을 무시할 때 대포알은 발사 직후에는 일직선으로 날아가지만 아래로 잡아당기는 중력 때문에 포물선을 그리며 추락할 거야.

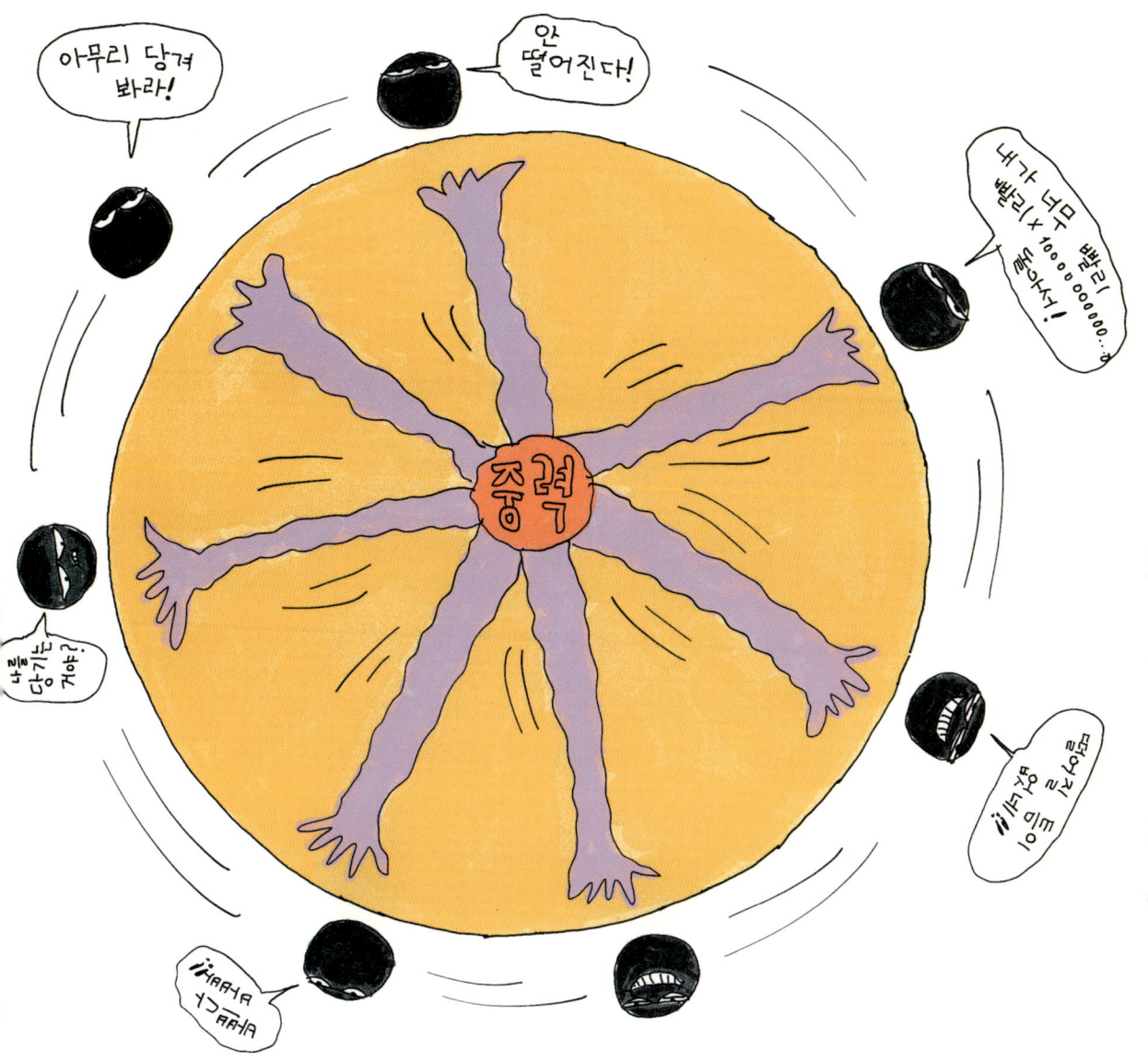

한 바퀴 삥 돌아 원래 대포가 있던 곳으로 돌아올 거야. 물론 어디까지나 상상의 세계에서만 가능한 일이지만 말이야.

이제 이 대포알은 지구를 무한으로 회전할 거야. 중요한 것은, 이렇게 지구 주변을 빙빙 도는 동안에도 대포알은 계속해서 지구의 중력에 이끌려 떨어지고 있다는 사실이야. 하지만 떨어지고 있어도 지구에는 추락하지 않아.

왜일까? 그것은 지구가 둥글기 때문이야. 포탄이 떨어지는 만큼, 굽어진 지구의 표면도 그만큼 안으로 꺾이기 때문이야. 이것이 유명한 뉴턴의 대포 실험이야.

뉴턴은 달도 이 대포알과 같다는 것을 알아냈어. 달도 대포알처럼 지구의 중력에 의해 지금도 계속 떨어지고 있지만, 달이 떨어지는 거리만큼 지구의 표면도 아래로 휘어지기 때문에 지구와 부딪히지 않는 거야. 쉽게 말해, 달이 1미터 쫓아오면 지구가 1미터 도망가는 셈이야. 뉴턴은 이 사고 실험으로 물리 법칙은 지구에서뿐만 아니라 우주에서도 적용된다는 사실을 증명해 보였어. 떨어진 사과를 보고 뉴턴이 깨달은 건 바로 이거였어.

인공위성은 왜 추락하지 않을까?

인공위성은 지구 궤도를 돌며 사진을 찍고 정보를 수집하는 기계야. 인공위성은 주어진 임무와 목적에 따라 여러 종류가 있어. TV와 라디오의 방송 신호를 보내거나 받는 통신위성, 날씨

와 기후를 관측하는 기상위성, 적군이나 경쟁국의 군사시설 및 병력 규모 등을 파악할 목적으로 그 지역을 감시하는 정찰위성, 우주의 여러 현상을 관측하고 지구의 환경을 연구하기 위해 정보를 수집하는 과학위성, GPS와 같이 지구상의 위치를 정확히 측정하는 데 사용되는 항법위성 등이 있어.

오늘날 70개 이상의 국가가 6천 개 이상의 인공위성을 운용하고 있어. 인공위성을 가장 많이 보유한 국가는 미국으로 4천 개가 넘어. 그렇다면 인공위성은 어떻게 지구에 추락하지 않고 계속 돌 수 있는 것일까?

인공위성은 앞에서 살펴본 뉴턴의 대포 원리를 이용해 만든 것이야. 인공위성은 발사체라 불리는 로켓에 실려 우주로 쏘아 올려져. 이때 로켓의 속도는 시속 25,000킬로미터 이상이야. 이는 KTX 최고 속도의 83배 이상이고, 음속의 20배 이상이며, 총알보다도 17배나 빠른 무시무시한 스피드지. 어쩔 수 없어. 이 정도로 빨리 솟구쳐야 지구가 밑에서 잡아당기는 중력을 뿌리칠 수 있거든.

로켓이 대기권을 벗어나면 내부에 들어 있던 인공위성이 뽕 하고 로켓과 분리된단다. 마치 알을 낳듯 말이야. 로켓의 역할은 여기까지야. 할 일을 다한 로켓은 대기권에서 불타거나 바다로 추락해 생을 마감하고, 튀어나온 인공위성은 로켓의 빠른 속도를 그대로 받아 빠르게 움직이면서 지구 주변을 돌아. 흔히 말하는 궤도에 진입하는 거야. 뉴턴이 상상했던 지구를 한 바퀴 뼁 도는 대포알과 같아. 뉴턴의 대포알이나 달은 지구의 중력에 이끌려 떨어지면서 원운동을 하잖아? 인공위성도 마찬가지야.

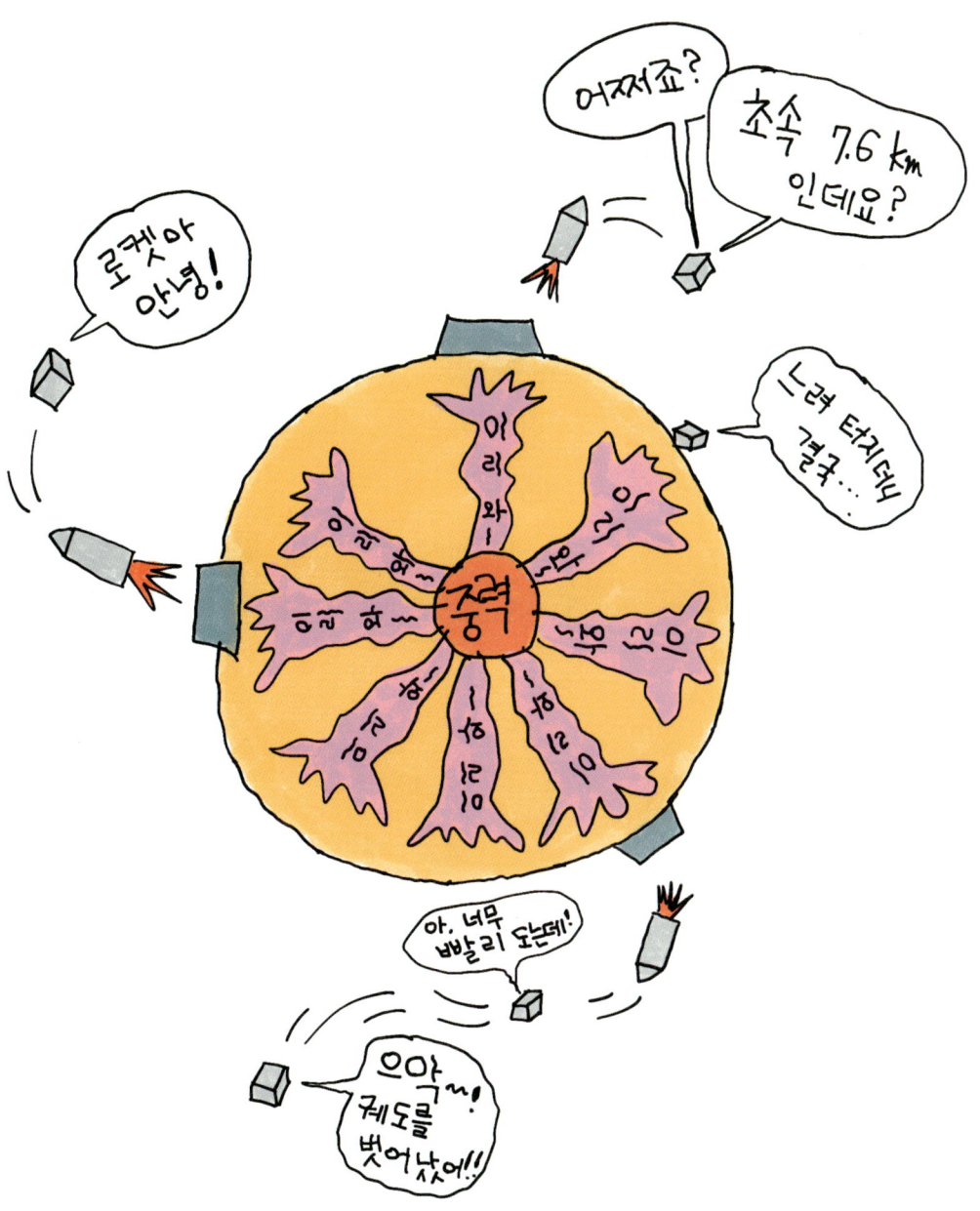

인공위성도 계속해서 떨어지면서 궤도를 도는 원운동을 하고 있어. 단지 지구에 추락하지 않을 뿐이야.

문제는 스피드야. 인공위성이 움직이는 속도는 아무리 느려도 초속 7.9킬로미터는 되어야 해. 이보다 느리면 인공위성은 지구 중력을 뿌리치지 못해. 정말로 지구에 추락하고 만단다. 그래서 초속 7.9킬로미터를 '제1 우주 속도'라고 불러.

그렇다고 너무 빠른 것도 곤란해. 만일 인공위성의 속도가 초속 11.2킬로미터를 넘어 버리면 인공위성은 궤도를 벗어나 광활한 우주 속으로 들어가 버리고 말거든. 그래서 초속 11.2킬로미터를 '제2 우주 속도' 혹은 '탈출 속도'라고 부른단다.

인공위성이 궤도에 진입하려면 엄청난 로켓의 추진력이 필요해. 어마어마한 에너지가 필요하지. 하지만 일단 성공적으로 궤도에 안착하면 그때부터는 에너지가 필요 없어. 밑으로 잡아당기는 지구의 중력 덕분에 계속 궤도를 돌 수 있거든.

중력이 없으면 어떻게 될까?

전 세계에서 매년 약 68만 4천 명이 넘어지거나 높은 곳에서 떨어져 사망해. 이는 사고로 인한 사망 사건 중 교통사고 다음

이야. 사람들이 넘어지거나 추락해서 다치거나 죽는 이유는 여러 가지가 있을 거야. 조심하지 못해서, 발판이 무너져서, 길이 미끄러워서, 누가 나쁜 마음을 품고 뒤에서 밀어서, 그리고 스스로 뛰어내려서 등등. 하지만 물리학적으로 볼 때 추락의 원인은 단 하나야. 바로 중력이지.

중력이 없다면 우리는 아무리 길이 미끄러워도, 아무리 높은 곳에서 떨어져도 다치지도 않고 죽지도 않아. 풍선처럼 둥둥 떠 있을 테니까. 그렇게 생각하면 중력이 없는 생활도 꽤 근사하고 재미있을 것 같아. 학교나 직장에 갈 때 힘들게 걸어가거나 북적거리는 버스나 지하철을 탈 필요가 없어. 슈퍼맨처럼 날아가면 되니까.

하지만 중력은 단점보다 장점이 훨씬 많아. 중력은 하나의 거대한 강력 접착제야. 중력은 물, 공기, 흙 등등 생명체가 살아가는 데 필요한 모든 것을 땅에다 단단히 붙들어 매고 있어. 만일 중력이 없어지면 지구의 모든 생명체와 모든 물과 모든

흙과 모든 공기와 모든 건물과 모든 인간과 동물까지도 우주로 날아가 버리고 말 거야. 아무것도 남지 않겠지.
　지구에 중력이 없다면 그 자체가 대재앙이고 종말이란다.

3장
힘과 운동

⚽ 파워(Power)가 아니라 포스(Force)입니다!

같은 단어인데도, 과학에서 사용하는 의미와 우리가 일상에서 알고 있는 뜻이 다를 때가 있어. 대표적인 단어가 '힘'이야. 너희들은 어떤 경우에 힘이라는 단어를 사용하니? "아, 힘들어!", "힘이 솟아나!", "사랑의 힘으로 어려움을 극복하자!" 등등 우리가 알고 있는 힘은 영어로 에너지(Energy)나 파워(Power)와 비슷해.

그런데 물리학에서 말하는 힘은 '물체의 모양과

운동 상태를 바꿀 수 있는 원인'을 뜻해. 모양을 변화시킨다는 것은 손에 힘을 줘서 콜라캔을 우그러뜨리거나, 박스를 구기거나 계란을 깨고 종이를 찢는 것 등을 말해.

운동 상태를 변화시킨다는 것은 속도와 관계가 있어. 예를 들어, 멈춰 있는 수레를 밀어 움직이게 하고, 빙글빙글 돌아가는 팽이를 때려서 더 빨리 돌게 하고, 굴러오는 돌을 손으로 뻗어 멈추게 하거나 속도를 늦추게 하는 것들이야.

어때? 너희들이 평소에 알고 있는 그 힘이랑은 뭔가 좀 다르지? 물리학에서 말하는 힘이 어쩐지 낯설게 느껴진다면 그건 기분 탓이 아니라 번역 때문일 거야. 우리에게 익숙한 힘이 파워(Power)라면, 물리학에 말하는 힘은 포스(Force)를 번역한 것이거든. '포스가 느껴진다'라고 할 때 그 포스야.

영어 사전에서 'Force'를 찾아보면 '강제로 어떤 행동을 하도록 강요하다', '어떤 영향력을 발휘하다'라고 적혀 있어. 그래서 물리학에서는 힘을 표시할 때 Force의 앞글자를 따 'F'라는 기호로 표기한단다.

 힘의 종류

이 세상에는 다양한 종류의 힘이 있어. 주로 맨 끝에 '력'으로 끝나는 단어들이 힘이야. 앞에서 우리가 알아본 만유인력, 중력, 원심력이 대표적인 힘들이야. 이 외에도 어떤 힘이 있는지 알아보도록 할까?

먼저 탄성력이 있어. 용수철이나 고무줄은 워낙 잘 늘어나서 살짝만 힘을 줘서 당겨도 쭈욱 늘어나. 하지만 손을 놓으면 용수철이나 고무줄은 재빠르게 원래 모습으로 돌아가. 이렇게 물체의 모습을 변형시켰을 때 원래의 모습으로 돌아가는 힘을 탄성력이라고 해. 또 이런 탄성력을 가진 물체를 탄성체라고 부른단다.

　우리 주변에는 탄성력을 이용해서 만든 물건이 많아. 우리가 컴퓨터 자판으로 빠르게 글자와 문장을 쓸 수 있는 것은 손가락으로 눌렀던 자판이 원래 모습으로 돌아오는 탄성력 덕분이야. 또 장대높이뛰기 선수가 높이 뛸 수 있는 것은 휘어졌다가 원래 모습으로 돌아오는 장대의 탄성력 덕분이야. 그 밖에 바닥에 닿

자마자 통통 튀어 오르는 농구공, 한 번 점프로 내 키보다 더 높이 뛸 수 있는 놀이기구인 트램펄린, 뛸 때마다 지면의 충격을 흡수해 주는 런닝화 밑창 등도 탄성력을 이용한 제품들이야.

　마찰력이라는 힘도 있어. '마찰'은 일상에서도 자주 사용하는 단어이고, 책에서도 종종 보이는 표현이야. 예를 들어 나와 생

각이 다른 사람과 의견이 충돌할 때 의견 '마찰'을 빚었다고 표현하곤 해. 물리학에서 말하는 마찰력은 두 물체가 접촉할 때 미끄러지려는 것을 방해하는 힘을 말해.

예를 들어, 콘크리트 바닥 위에 있는 소파를 밀어 창가로 옮기고 싶을 때, 소파는 잘 밀리지 않아. 그런데 그 소파가 얼음판 위에 있다면 어떨까? 소파는 적은 힘을 줘도 쑤욱 잘 미끄러질 거야. 얼음이 콘크리트보다 마찰력이 작기 때문이야.

수영은 인체와 물이 맞닿는 과정에서 많은 마찰이 발생하는 운동이야. 그래서 수영 선수들은 물의 마찰을 최대한 줄이는 첨

단 수영복과 수영 모자를 착용해. 수영 모자를 쓰는 편이 머리카락이 그냥 물에 닿는 것보다 마찰력을 줄일 수 있거든.

그런데 마찰력이 크다고 반드시 안 좋은 것은 아니야. 일부러 마찰력을 크게 만든 물건들도 있어. 대표적인 것이 자동차 타이어야. 자동차가 달릴 때 타이어와 맞닿는 도로면 사이에 마찰력이 발생해. 그런데 운전 중에 사고를 피하고자 운전자가 급하게 브레이크를 밟아야 할 때가 있어. 차를 멈춰야 할 때가 있지. 그럴 때는 타이어의 마찰력이 높을수록 자동차가 빨리 멈추기 때문에 사고를 피할 가능성이 커져.

이 외에도 액체와 기체가 위로 뜨려는 힘인 부력, 전기에서 발생하는 전기력과 자석에서 발생하는 자기력 등이 있어. 부력과 전기력과 자기력은 뒤에서 자세하게 알아보도록 해.

 운동과 역학

물리학에서는 '운동'이라는 단어가 자주 등장해. 그런데 물리에서 말하는 운동은 우리가 흔히 생각하는 달리기나 공놀이 같

은 신체 활동과 좀 달라. 물리학에서는 시간이 지나면서 물체의 위치가 변하는 것을 운동이라고 해. 자전거를 타고 집에서 편의점까지 가는 것, 더운 여름날 팔랑팔랑 돌아가는 선풍기 날개, 수도꼭지에서 똑똑 떨어지는 물, 양궁 선수가 쏜 화살이 허공을 날아 과녁에 꽂히는 것들이 대표적인 운동이야. 말하자면 운동이란, '움직였다'라는 뜻이지. 운동은 영어 단어 모션(Motion)을 번역한 거야. 모션은 '움직임'이라는 뜻이거든.

그런데 우리가 앞에서 배운 힘의 뜻이 뭐였지? 힘은 물체의 모양과 운동 상태를 바꾸는 원인이라고 했잖아? 즉, 힘과 운동은 떼려야 뗄 수 없는, 바늘과 실의 관계라고 말할 수 있어.

여기 테이블 위에 공이 있어. 공은 중력이라는 힘의 작용을 받아 아래로 떨어지려고 해. 하지만 공은 떨어지지 않아. 왜 그

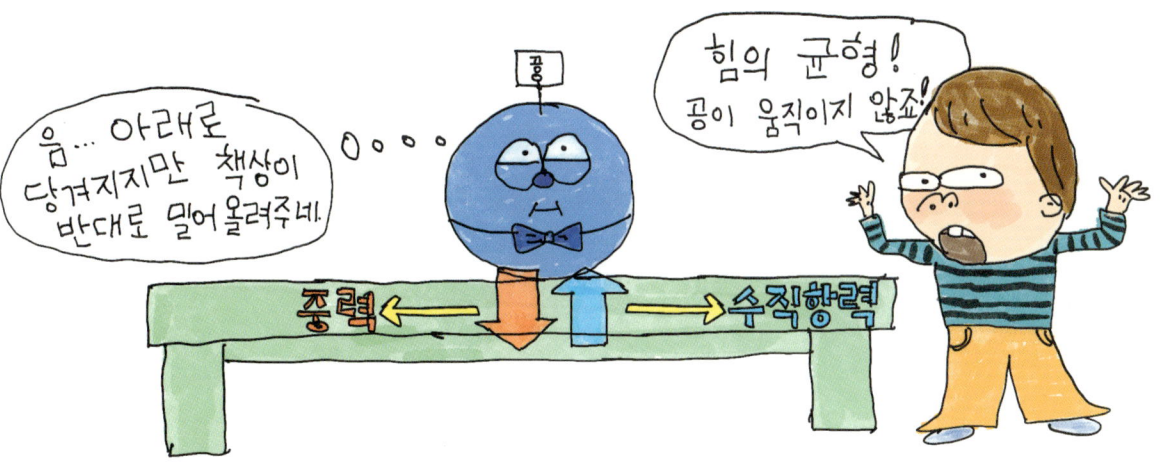

럴까 묻는다면 분명 "그거야 테이블 위에 있으니까 떨어지지 않지!"라고 대답할 거야. 물론 맞는 말이야. 그런데 이 책은 물리학에 관한 것이므로 우리는 물리학적으로 그 이유를 설명할 필요가 있어.

공이 떨어지지 않는 것은 테이블이 중력과 똑같은 크기의 힘으로 공을 위로 밀어 올리기 때문이야. 즉, 중력이 아래로 누르는 힘과 정반대의 방향으로 테이블이 위로 밀어 올리는 힘이 같으므로 두 힘의 합이 0이 되는 거야. 이렇게 중력에 맞서서 위로 밀어 올리는 힘을 수직항력이라고 불러. 수직항력이란 중력과 크기는 같은데 방향은 반대인 힘을 말해. 두 힘이 절묘하게 균형을 이루기 때문에 테이블 위의 공은 떨어지지도 않고 올라가지도 않아. 마치 같은 팔힘의 두 명이 팔씨름할 때 마주 잡은 손이 어느 쪽으로도 움직이지 않

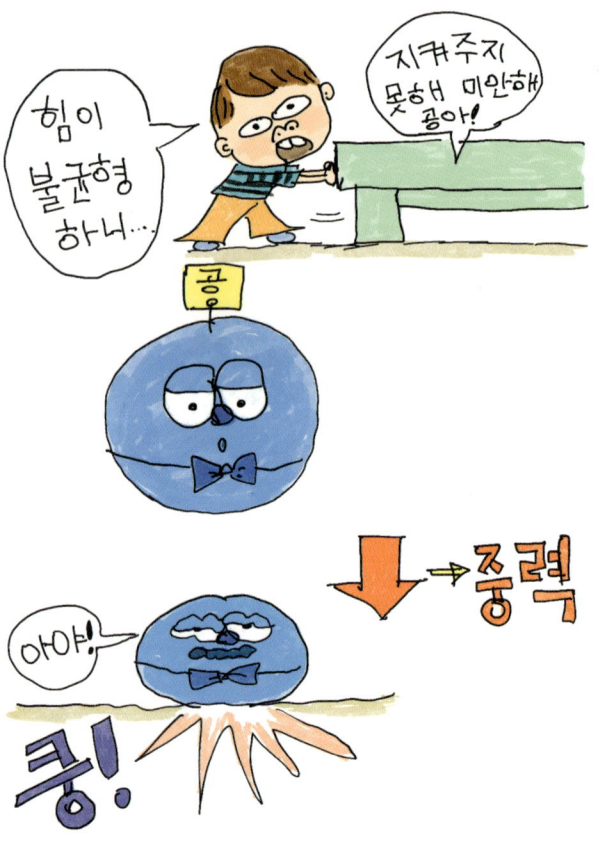

는 것처럼 말이야.

그런데 운동은 움직임이라고 했잖아? 즉, 힘이 균형을 이루면 운동은 일어나지 않아. 그런데 여기서 테이블을 치우면 어떻게 될까? 위로 밀어 올리는 힘은 사라지고, 아래로 잡아당기는 힘(중력)만 남기 때문에 힘의 균형은 깨어지고 말지. 힘의 불균형이 발생하는 거야. 그래서 공은 아래로 떨어져. 운동은 힘이 불균형할 때 발생해.

이렇게 힘과 운동의 관계를 연구하는 물리학의 분야를 역학이라고 불러. 역학의 '역'은 힘을 뜻하는 한자 역(力)을 써. 역학에서 가장 중요한 물리학자는 만유인력의 법칙을 발견한 아이작 뉴턴이야. 뉴턴은 힘과 운동의 관계를 세 개의 법칙으로 설명했어. 이것이 유명한 뉴턴의 운동 법칙, 혹은 고전역학이라고 불러. 그럼 지금부터 뉴턴의 운동 법칙에 대해 하나씩 차근차근 알아보도록 할까?

고전역학과 양자역학

물리학에는 가장 유명한 두 개의 역학이 있어. 17세기의 물리학자 뉴턴이 만든 고전역학과 20세기에 새롭게 등장한 양자역학이야. 뉴턴의 역학이 세상에 소개되자 과학자들은 "이렇게 완벽한 역학이 있다니!" 하며 놀라고 흥분했어. 이것으로 세상의 모든 현상을 설명할 수 있다고 확신하기도 했어.

이게 얼마나 대단했냐 하면 물리학은 이제 더 배울 게 없다며,

유럽에서는 물리학과를 없애려는 대학들도 있을 정도였어.

그런데 이 완벽한 것처럼 보였던 뉴턴 역학에도 허점이 있다는 게 드러났어. 19세기 말, 원자와 전자가 발견되었어. 원자와 전자는 너무 작아서 인간의 눈으로는 절대로 볼 수 없는 작은 세계야. 그런데 뉴턴 역학은 이 작은 세계에서 일어나는 현상을 도무지 설명할 수 없었어. 과학자들은 비로소 깨달았어. 이 작은 세계를 설명하려면 새로운 역학이 필요하다는 것을. 그래서 등장한 것이 양자역학이야.

양자역학의 등장을 기점으로 물리학은 두 개의 시대로 구분되었어. 양자역학 이전의 물리학은 고전 물리학, 양자역학 이후의 물리학은 현대 물리학으로 불리기 시작했어. 자연스럽게 뉴턴 역학도 고전역학으로 불리게 되었단다.

⚽ 제1 법칙, 관성의 법칙

　미래에게는 오빠가 하나 있어. 오빠는 직장에서 해고당한 백수야. 매일 늦게 일어나 엄마가 차려 놓은 밥으로 배를 채운 다음 휴대전화로 인터넷을 보면서 뒹굴뒹굴하고, 친구들과 술을 마시고, 새벽까지 게임을 하며 하루하루를 보내. 그래도 부모님은 오빠에게 잔소리 한 번을 안 해. 부모님은 오빠를 굳게 믿고 있어. 지금 오빠는 잠시 주저앉아 쉬는 것일 뿐 곧 새 직장도 구

하고 예전의 성실한 모습으로 돌아갈 거라 생각하는 것 같아. 그래서 용돈도 부족하지 않게 주고, 옷도 사 주고, 기운 내라며 고기도 사 줘.

그런데 그렇게 믿고 기다린 시간이 벌써 여러 해야. 미래가 보기에 오빠는 몇 년이 더 흐른다고 해도 변하지 않을 것 같아. 오빠가 변하려면 부모님이 지금처럼 오빠를 가만히 내버려 둘 게 아니라, 이제 그만 정신 좀 차리라고 오빠를 강하게 몰아붙여야 할 것 같아.

물체는 외부에서 어떤 힘이 작용하지 않으면 그 상태를 계속 유지하려는 성질이 있어. 몇 년째 뒹굴뒹굴하고 있는 미래의 오빠처럼 말이야. 물리학에서는 이것을 관성의 법칙이라고 불러. 관성의 법칙은 뉴턴의 운동 제1 법칙이야.

예를 들어 멈춰 있는 축구공은 누군가 걷어차거나 거센 바람이 불지 않으면 계속 그 자리에 멈춰 있어. 움직이는 물체도 다른 힘이 가해지지 않으면 계속 그 속도로 움직이려고 하고. 그런데 현실에서는 이런 관성의 법칙에 어긋나는 것처럼 보이는 일들이 종종 발생해.

예를 또 들어 볼게. 여기에 시속 150킬로미터의 강속구를 던지는 투수가 있어. 관성의 법칙이 옳다면 이 투수가 던진 공은 변함없이 시속 150킬로미터를 유지한 상태로 끝없이 날아

아무도 차주지 않는 외로운 축구공...

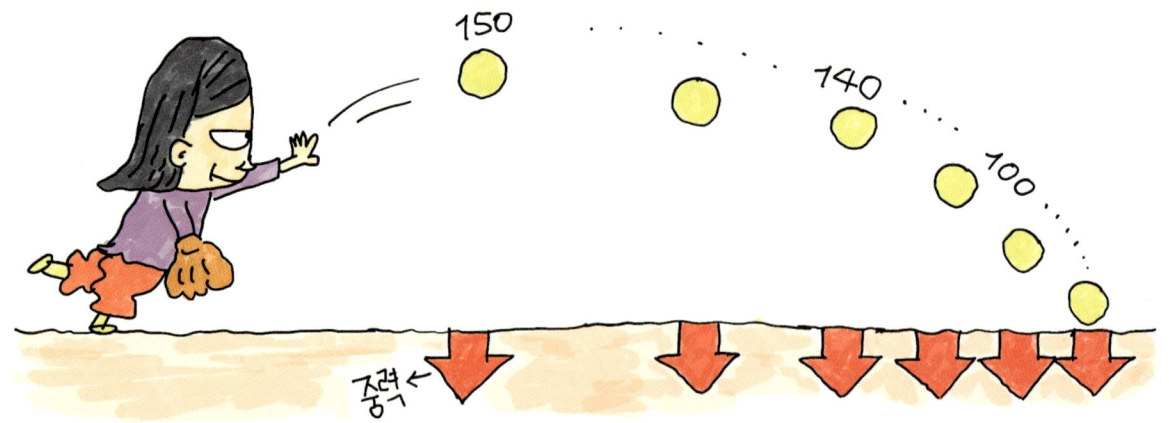

가야 해. 하지만 그런 일은 일어나지 않아. 시간이 지나면서 공의 속도는 150→140→100으로 점점 느려지고 결국 0이 되면서 땅에 뚝 떨어져. 하지만 이것은 관성의 법칙이 틀린 게 아니야. 우리 눈에 보이지 않지만, 공의 운동을 방해하는 공기 저항과 밑으로 잡아당기는 중력 때문에 그런 거야.

그래서 우주로 나간 탐사선은 몇 년 동안 연료를 보급받지 않

아도 계속해서 그 속도로 날아갈 수 있어. 우주에는 공기가 없어서 탐사선의 움직임을 방해하는 공기 저항도 없거든.

관성의 법칙은 우리 일상에서 쉽게 찾아볼 수 있어. 버스가 정류장에 도착하면 버스에 탄 승객의 몸은 약속이나 한 듯 일제히 앞으로 기울어져. 계속 앞으로 나아가려는 관성 때문이야. 버스가 다시 출발하면 사람들의 몸은 뒤로 쏠려. 정지한 상태에 익숙해 있던 우리 몸은 버스가 출발했음에도 불구하고 계속 정지하려고 하는 관성이 작용하기 때문이야.

식탁보 빼기 실험도 관성의 법칙이 적용되는 대표적인 사례야. 식탁보 빼기의 달인은 식탁 위의 그릇과 접시를 넘어뜨리지 않으면서 식탁보만 쏙 멋지게 걷어 낸단다. 정지 상태에 있던 그릇과 접시가 계속해서 그 상태를 유지하려는 관성이 있기 때문이야.

⚽ 제2 법칙, 가속도의 법칙

미래가 사는 아파트는 자동차 숫자보다 주차 공간이 모자라. 그래서 주차된 차 앞에 자신의 차를 또 주차하는 이중 주차를 하는 주민들도 있어. 그래서 먼저 주차를 한 사람이 차를 빼내려면 앞을 막고 있는 이중 주차된 차를 밀어 다른 곳으로 옮겨야 해. 오늘도 아빠가 출근하려는데 작은 경차와 트럭이 아빠의 차를 나란히 막고 있어. 아빠는 미래를 불렀어.

"미래야, 아빠랑 이 차들 좀 밀자."

영차! 영차! 두 사람은 먼저 경차부터 밀었어. 엇! 생각보다 쑥쑥 잘 밀렸어. 이제 트럭만 밀면 되는데, 트럭은 꿈쩍도 하지 않았어. 하는 수 없이 늦잠 자던 백수 오빠까지 불러냈어. 세 사람이 함께 밀자 그제야 느리게 트럭이 움직였어. 아빠가 차를 타고 떠나자 미래는 오빠에게 물었어.

"오빠, 트럭이 경차보다 천천히 밀리는 건 아무래도 무거워서 그렇지?"

"그래. 물리학에서는 그걸 가속도가 다르다고 말해."

"가속도가 뭐야?"

오빠는 지금은 백수지만 물리학 박사까지 취득한 똑똑한 사람이야. 오빠가 말했어.

"가속도를 이해하려면 먼저 속력과 속도의 차이를 구분할 줄 알아야 해."

"속력과 속도가 다르다고? 똑같은 말 아냐?"

오빠는 고개를 저었어.

"아니, 달라. 다들 너처럼 생각하지. 그런데 물리학적으로는 둘은 남자와 여자만큼 달라. 영어로 속력은 스피드(Speed)이고, 속

도는 벨로시티(Velocity)라고 해. 속력은 방향이 없는 빠르기고, 속도는 방향이 있는 빠르기야. 그게 둘의 결정적인 차이지."

"으…. 무슨 말인지 하나도 모르겠어."

"알기 좋게 예를 들어 줄까? 철수가 자전거를 타고 한 시간 동안 5킬로미터를 달렸어. 자전거의 빠르기는 얼마일까?"

"1시간에 5킬로미터를 달렸으니 시속 5킬로미터겠지…."

"맞아, 그럼 이 시속 5킬로미터는 속력일까, 속도일까?"

"음…. 속력?"

"오! 맞아. 그 이유는?"

"몰라, 그냥 찍은 거야."

"내가 철수는 자전거로 5킬로미터를 달렸다고 했지, 동쪽으로 달렸는지 서쪽으로 달렸는지, 구체적인 방향은 말 안 했어. 그러니까 이건 속력이야, 방향이 없는 빠르기!"

"아, 그렇구나."

"그런데 알고 보니 철수가 자전거로 한 시간 동안 달린 5킬로미터는 동네를 한 바퀴 뺑 도는 길이었어. 그러니까 철수는 출발 지점으로 돌아온 거야. 그럼 이것은 속력일까, 속도일까?"

"속도 같은데? 마을을 한 바퀴 돌았다는 구체적인 방향이 있으니까."

"좋아, 아주 좋아. 내 동생이 생각보다 물리에 재능이 있었구먼. 그럼 또 질문! 철수가 탄 자전거의 속도는 얼마일까?"

"그거야…. 이 경우에도 시속 5킬로미터 아냐?"

오빠는 고개를 절레절레 흔들었어.

"속도는 0이야."

미래는 깜짝 놀랐어.

"말도 안 돼, 자전거 속력이 시속 5킬로미터인데 어떻게 속도는 0이 될 수 있어? 그건 아예 움직이지 않았다는 뜻이잖아."

"속력은 정해진 시간 동안 이동한 거리를 나타내. 그런데 속도는 방향성이라고 했잖아? 속도에서 중요한 것은 마지막 위치야. 얼마나 많은 거리를 이동했느냐는 전혀 중요하지 않다고. 핵심은, 그렇게 달려서 나의 위치가 얼마나 변했느냐지."

"흠."

"속도는 성적과 비슷해. 네가 공부를 얼마나 많이 했는지는 전혀 중요하지 않아. 중요한 건, 지난번보다 시험 성적이 얼마나 달라졌느냐지. 철수는 한 시간 동안 열심히 자전거를 탔지만 결국 동네를 한 바퀴 뺑 돌아 원위치로 돌아왔잖아? 그건 위치가 안 변한 거야. 위치가 안 변했으니 속도는 0이 되는 거야."

"흐음."

"자동차 계기판에는 현재 자동차의 빠르기를 숫자나 눈금으로 표시하는 '속도계'라는 것이 있어.

 그런데 엄밀히 말하면 이건 속도계가 아니라 속력계야. 방향은 고려하지 않고 현재 자동차의 빠르기만 알려 주니까. 하지만 일상에서는 둘을 구분하지 않고 그냥 쓰는 것뿐이야. 어때? 속력과 속도는 비슷한 것 같으면서 정말 다르지?"

 "속력과 속도의 차이는 이제 알겠어. 그런데 처음에 오빠가 말한 가속도는 뭐야?"

 "축구공을 뻥 찬다고 생각해 봐. 정지 상태의 축구공의 속도

는 0이야. 여기에 발의 힘이 가해지면 축구공의 속도는 점점 빨라질 거야. 이렇게 변하는 속도를 1초마다 표시한 것이 가속도야. 즉, 가속도는 초속으로 표시해."

"오호라!"

"아까 차를 밀었을 때를 떠올려 봐. 경차는 빠르게 밀리고, 트럭은 훨씬 느리게 밀렸잖아? 그건 트럭이 경차보다 질량이 크기 때문이야. 가속도는 물체의 질량이 작을수록, 그러니까 가벼울수록 커지고, 질량이 클수록 즉 무거울수록 작아지기 때문이야. 또 처음에 아빠랑 네가 트럭을 밀 때는 꿈쩍도 하지 않은 트럭이 내가 와서 세 사람이 미니까 그제야 밀렸잖아? 그건 가속도는 힘이 셀수록 커진다는 뜻이야. 즉, 가속도는 힘에 비례하고 질량에 반비례해. 이것을 뉴턴의 운동 제2 법칙인 가속도의 법칙이라고 하지."

"그렇구나."

"그런데 '가속도'라는 말을 쓸 때는 조심해야 해."

"뭘 조심해?"

"사람들은 가속도를 '가속', 즉 속도가 빨라지는 거라고만 생각해. 그런데 속도가 줄어드는 '감속'도 가속도야."

"정말? 가속도가 속도 증가라는 뜻 아니야?"

"자동차를 운전할 때 가속 페달을 밟아 속도를 올리는 것도 가속도이고, 브레이크를 밟아 속도를 줄이는 것도 가속도야. 그러니까 가속도는 그냥 속도의 변화야. 그래서 난 '가속도'보다 '변속도'가 더 정확한 표현이라고 생각해."

제3 법칙, 작용 반작용의 법칙

평화로운 일요일 오후, 미래와 오빠는 거실에 드러누워 텔레비전으로 사극을 보고 있어. 서당 훈장님이 숙제를 안 한 학생들에게 회초리를 때리는 장면이 나왔
어. 학생이 엉엉 울자 훈장 선생님이 이렇게 말했어.

"아프냐? 너희들을 때리는 내 손도 똑같이 아프단다."

보고 있던 미래는 너무 어이가 없어 헛웃음이 나왔어.

"쳇! 뭐래? 괜히 때리고 미안하니까 저런 말 하는 거 좀 봐."

"뭐, 물리학적으로는 맞는 말이기는 해."

오빠가 배를 긁으며 말했어.

"엥? 저 말이 맞다고?"

"물리학에 작용 반작용의 법칙이라는 게 있어."

"작용 반작용의 법칙?"

"어떤 물체가 다른 물체에 힘을 가하면, 그 물체도 똑같은 힘을 반대 방향으로 돌려주는 현상을 말해. 작용 반작용의 법칙에 따라 훈장 선생님이 학생을 때린 힘만큼 훈장 선생님에게도 그 힘이 전해지는 거지."

"흠…."

"뭐야, 지금 그 표정? 내 말을 못 믿겠다는 얼굴인데?"

"응, 솔직히 좀 그래."

"뭐가 이상해? 하고 싶은 말 있으면 그냥 말해."

"예를 들어, 자전거를 탄 사람이 멈춰 있던 트럭과 부딪혔어. 작용 반작용 법칙대로라면, 자전거가 트럭에 주는 힘과 트럭이

자전거에 되돌려주는 힘의 크기가 같잖아? 하지만 실제로는 트럭은 흠집 정도만 나겠지만 자전거는 훨씬 많이 부서질 거야. 두 힘이 같은데 왜 자전거의 피해가 더 큰 거야?"

미래는 자기 딴에는 날카로운 질문을 던졌다고 생각했는데 오빠는 빙그레 웃기만 했어.

"자전거의 피해가 더 큰 것은 자전거가 트럭보다 약해서야. 트럭이 더 센 힘을 자전거에 돌려줬기 때문이 아니야. 태권도 격파를 생각해 봐, 같은 사람이 같은 힘으로 내리쳐도 송판은 잘 깨지지만, 벽돌은 잘 안 깨지잖아? 그건 벽돌이 송판보다 튼튼하기 때문이야."

"으음…. 그런가?"

"속담에 '계란으로 바위 치기'란 말이 있잖아. 계란을 바위에 던지면 바위도 받은 힘만큼 그대로 계란에 돌려줘. 그런데 같은 힘이라도 계란은 약하니까 깨지고, 바위는 견고해서 멀쩡한 것뿐이야. 바위가 받은 것보다 더 센 힘을 계란에 돌려줬기 때문이 아니야. 무슨 말인지 알겠지?"

"응, 이제 알겠어."

우리는 잘 느끼지 못하지만, 일상에서 작용 반작용의 법칙은 쉽게 발견할 수 있어. 고양이는 점프하기 전에 뒷다리를 살짝 굽혀. 뒷다리로 땅을 밀어내면 땅도 같은 힘으로 고양이를 위로 들어 올리거든. 전쟁 영

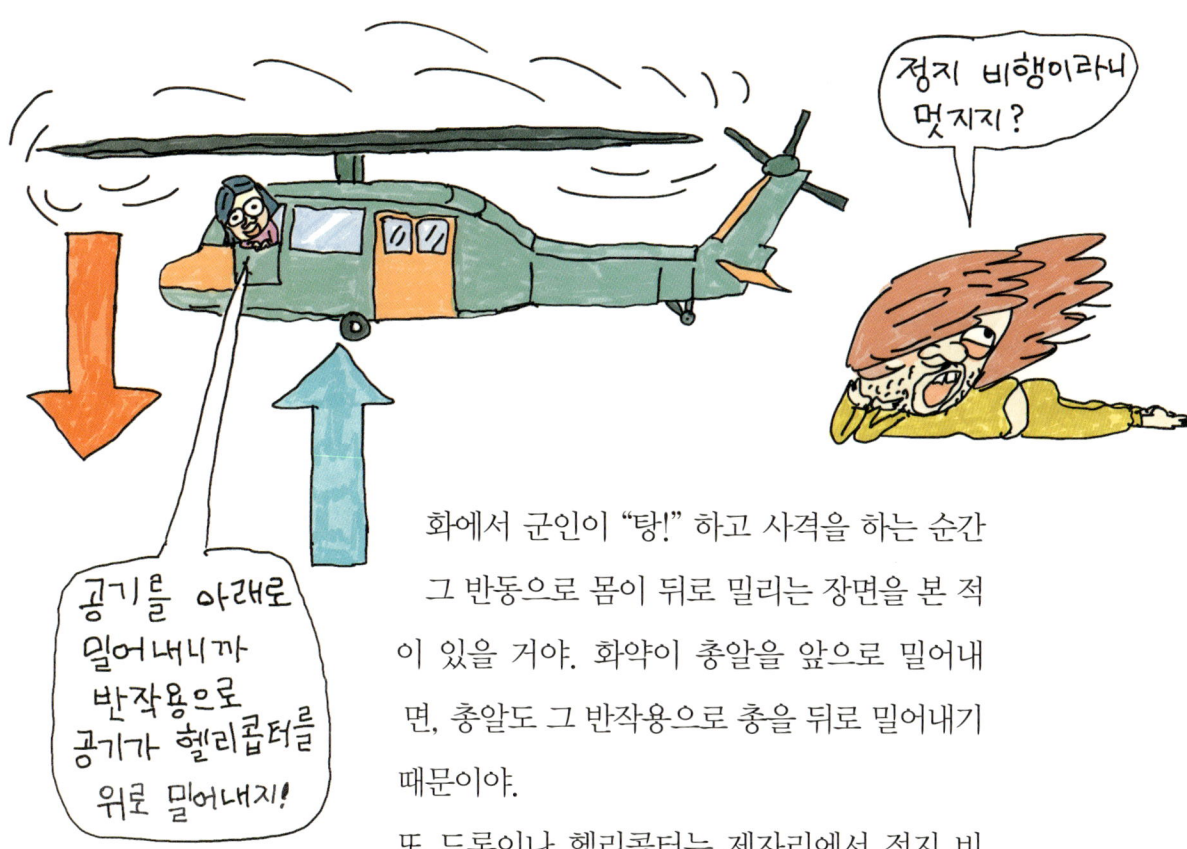

화에서 군인이 "탕!" 하고 사격을 하는 순간 그 반동으로 몸이 뒤로 밀리는 장면을 본 적이 있을 거야. 화약이 총알을 앞으로 밀어내면, 총알도 그 반작용으로 총을 뒤로 밀어내기 때문이야.

또 드론이나 헬리콥터는 제자리에서 정지 비행을 할 수 있어. 이것을 호버링(hovering)이라 부르는데, 이런 호버링이 가능한 것은 헬리콥터가 공기를 아래로 밀어내면 공기도 반작용으로 헬리콥터를 위로 밀어 올리기 때문이야.

왜 과학 용어에는 일본식 한자어가 많을까?

이건 알고 있니?

한자는 3500년 전 중국에서 만들어진 문자로, 2천 년 전 한반도에 들어왔어. 그리고 4세기 말, 백제가 일본에 한자를 전했지. 동아시아 삼국인 중국, 한국, 일본을 한자 문화권이라고 불러. 15세기 세종대왕이 우리만의 독창적인 문자인 한글을 창제했지만, 한자는 여전히 한국어에서 상당한 비중을 차지하고 있어. 우리가 사용하는 단어의 무려 60퍼센트 이상이 한자어이고, 그 한자어의 35퍼센트가 일본식 한자어야. 과학, 물리, 중력, 세포, 물질, 전류, 원자, 분자, 기체 등등 과학 교과서에 나오는 거의 대부분의 과학 용어는 일본식 한자어지. 한자는 분명 중국의 문자인데 어째서 우리는 중국식 한자어가 아닌 일본식 한자어를 사용하고 있을까?

19세기, 일본은 동아시아 국가 중에서 가장 빨리 그리고 가장 적극적으로 서양의 근대 문물을 받아들였어. 수많은 서양의 서적들이 일본에 들어왔어. 문제는 번역이었어. 사이언스(Science), 에어포트(Airport), 이코노미(Economy) 등등 난생처음 보는 외국어를 자신들의 언어로 바꾸는 것은 사실상 무에서 유를 창조하는 힘든 일이었어. 하지만 아무리 힘들고 시간이 걸려도 누군가는 반드시 해야 하는 작업이었어. 번역해야 서양의 앞선 법률과 제도와 기술과 문화와 행정을 이해할 수 있고, 이해해야 배워서 발전할 수 있으니까. 이 번역 작업에서 가장 주도적인 역할을 한 사람이 니시 아마네라는 일본 학자였어.

    니시는 일본에서 처음으로 서양에 유학을 간 사람이야. 일본 정부의 지원을 받아 네덜란드에서 법학과 철학, 경제학을 공부했지. 일본으로 돌아온 니시는 본격적으로 번역 작업에 들어갔어. 사이언스(Science)를 '과학'으로 번역한 사람이 바로 그였어. 그 밖에도 니시는 시간, 원리, 의무, 철학, 긍정, 의식, 관찰, 기술, 예술처럼 지금 우리가 사용하는 수많은 단어를 만들어 냈어. 얼마 후, 일본은 조선을 식민지로 삼고 우리 민족에게 일본식 교육을 강요했어. 일본식 한자어가 우리의 언어에 침투한 것은 이때부터였어.

    해방 후, 우리나라에서는 일제의 식민지 통치가 남긴 일본 문화의 잔재를 털어 내고 지우려는 운동이 일어났어. 일본식 한자어를 우리말로 바꾸려는 노력도 있었지. 일부 성과가 있기는 했지만, 여전히 일본식 한자어가 많아. 이미 오랫동안 그렇게 배우고 사용해 버린 탓에 국민이 익숙해져 버렸기 때문이야.

4장
위로 뜨는 힘, 부력

 부력이란?

모든 물체는 중력 때문에 아래로 떨어지는 성질을 갖고 있어. 그런데 이 중력과 반대로 물체를 위로 들어 올리는 힘이 있어. 그 힘을 부력이라고 해. 부력의 한자 '부(浮)'는 뜬다는 뜻인데 공중 부양 할 때 그 부야. 부력은 물과 같은 액체나 공기와 같은 기체 속에서 나타나는 현상이야. 물리학에서는 이 액체와 기체를 합해서 '유체'라고 불러. 배가 물에 뜨고 우리가 수영을 할 수 있

는 것도 물의 부력 덕분이야. 그럼 또 다른 유체인 기체에서 나타나는 부력은 어떤 것이 있을까?

  물과 달리 기체에서는 이와 같은 부력 현상이 잘 발견되지 않아. 물론 우리는 숨을 쉬는 생명체이기 때문에 우리 몸도 분명히 기체의 부력을 받고 있어. 그렇다고 해서 우리의 몸이 두둥실 뜨지는 않아. 우리 몸을 밑으로 잡아당기는 중력의 힘이 밑에서 들어 올리는 공기의 부력이 가진 힘보다 월등하게 크기 때문이야. 그래서 부력이라고 하면 일반적으로 물에서 나타나는 현상을 말해.

부력은 왜 생길까?

일기 예보를 들어 보면 고기압, 저기압이라는 단어가 자주 나와. 기압은 공기가 누르는 압력이야. 즉, 고기압은 기압이 크다는 뜻이고, 저기압은 기압이 낮다는 뜻이야. 우리가 받는 기압의 크기는 대략 성체 고릴라 60마리가 짓누르는 힘과 맞먹어.

'정말? 그런데 왜 난 기압을 못 느끼지?'

이렇게 생각하는 친구들이 많을 거야. 우리가 기압을 느끼지 못하는 건, 우리를 누르는 기압에 대항해 우리 몸도 같은 압력을 밖으로 내보내기 때문이야. 마치 친구와 손바닥 밀어내기 게임을 하듯 말이야. 기압은 공기가 누르는 힘이기 때문에 공기가 많을수록 기압도 커져. 그래서 공기가 많은 낮은 곳의 기압이 높고, 언덕이나 산처럼 고도가 높은 곳으로 올라갈수록 공기가 희박해서 기압도 낮아져.

　지상에 기압이 있다면 물에는 물의 압력인 수압이 있어. 물은 수심이 깊어질수록 물의 양도 많아져. 물이 많다는 것은 수압도 커진다는 뜻이야. 요약하면 수심이 깊어질수록 수압도 커져. 그래서 깊은 바다로 들어가는 잠수부들은 반드시 수압을 견딜 수 있는 장비를 착용해야 해. 그렇게 해도 인간이 잠수할 수 있는 최대 수심은 300미터 정도가 한계야. 잠수의 달인이라는 제주도 해녀들은 수심 20미터 정도이고. 왜 뜬금없이 수압 이야기만 하냐고? 부력을 발생시키는 원인이 바로 이 수압이거든.

　어떤 물체를 물에 넣으면 아래 그림처럼 수압이 발생해. 위쪽, 아래쪽, 왼쪽, 오른쪽으로부터 수압이 물체를 짓누르지. 화

살표 길이는 수압의 크기를 나타내. 수심이 깊을수록 화살표 길이가 길어질 거야. 그건 수심이 깊을수록 수압이 높음을 나타낸단다.

그런데 왼쪽과 오른쪽의 화살표를 자세히 봐. 마치 데칼코마니처럼 서로를 향하는 화살표 길이가 같지? 수심이 같으므로 수압도 같은 거야. 즉, 같은 힘으로 양쪽에서 누르기 때문에 이 물체는 어느 쪽으로도 움직이지 않아.

하지만 물체의 위쪽과 아래쪽은 화살표 길이가 달라. 물체 아래쪽이 수심이 더 깊어 수압도 크기 때문이야. 즉, 밑에서 물체를 밀어 올리는 수압이 위에서 누르는 수압보다 크기 때문에, 이 물체는 위로 올라가게 될 거야. 이것이 바로 부력이야. 요약하면 부력은 물체의 위아래에서 작용하는 수압의 크기 차이 때문에 발생해.

# 타이타닉호의 문짝

영화 〈타이타닉〉을 본 적이 있니? 이 영화는 1912년 대서양에서 침몰한 호화 유람선 타이타닉호 사건을 소재로 하고 있어. 영화 후반부에 배가 두 동강 나면서 승객과 물건들이 바다에 우수수 떨어지는 장면이 나와. 유리와 돌과 철판은 물속에 가라앉고 문짝은 물에 둥둥 떠. 영화 속 주인공은 이 문짝에 올라가 목숨을 구할 수 있었어.

부력은 물이 물체를 위로 들어 올리는 힘이야. 그렇다면 유리와 돌과 철판은 왜 가라앉고 문짝은 왜 물에 뜨는 걸까? 그 이유는 밀도 때문이야.

밀도란 부피에 대한 질량의 비율을 말해. 국어사전에서 부피란 단어를 찾아보면 '어떤 물체가 공간에서 차지하는 크기'라고 적혀 있어. 말하자면, 부피는 물건을 담는 박스와 같아. 박스는 사이즈별로 작은 박스도 있고 큰 박스도 있어. 그런데 박스, 즉 부피가 크다고 해서 그 물체가 늘 무거운 것은 아니야. 돌덩이가 들어 있는 작은 박스가 스티로폼이 든 큰 박스보다 무거울오! 부피는 큰데 아주 가볍잖아!

밀도가 작다!

스티로폼

수 있으니까. 농구공과 볼링공도 부피는 비슷하지만, 볼링공이 훨씬 무거워. 즉, 볼링공의 밀도가 농구공보다 커. 이것을 밀도가 크다고 해. 반면 공갈빵처럼 부피는 큰데 속이 가벼운 물체를 밀도가 낮다고 말하고.

물체가 물에 가라앉느냐 뜨느냐는 물체의 밀도에 따라 달라져. 그 기준은 밀도 1이야. 물의 밀도가 $1g/cm^3$거든. 밀도 1보다 큰 물체는 물에 가라앉고, 밀도가 1보다 작은 물체는 물에 뜨지. 기준이 밀도 1인 이유는 물의 밀도가 1이기 때문이야. 즉, 물보다 밀도가 낮은 물체는 물에 뜨고, 물보다 밀도가 높으면 물에 가라앉아. 이것을 다르게 표현하면, 물보다 가벼운 물체는 가라앉고 물보다 무거운 물체는 뜬다가 되지.

금속과 유리와 돌이 가라앉는 이유도 물보다 무겁기 때문이야. 밀도가 1보다 높거든. 문짝이 물에 뜨는 이유는

부피는 작은데 질량이 크군… 윽…

돌

밀도가 크다!

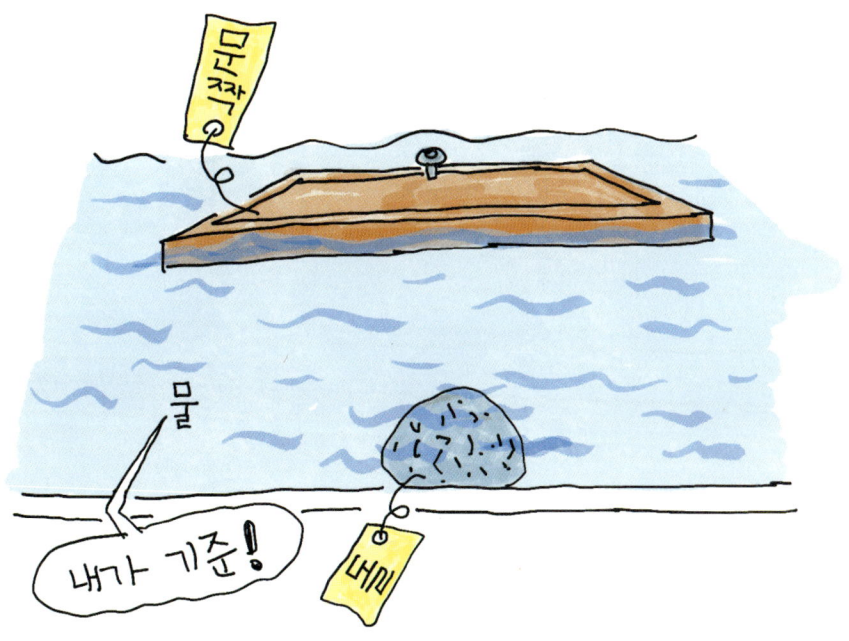

문짝의 재료인 '나무 대부분'이 밀도가 1보다 작기 때문이야. 물보다 가볍지. 나무 전부가 아니라 '나무 대부분'이라고 말한 것은 드물지만 물에 가라앉는 나무도 있기 때문이야. 대표적인 나무가 리그넘 바이티야.

리그넘 바이티(Lignum Vitae)는 우리나라에는 자라지 않고 남미에 주로 서식하는 나무야. 질병에 탁월한 효과를 보이는 에센스 오일이 풍부해 '유창목'이라고 불리기도 해. 유창목(癒瘡木)은 상처를 치유해 주는 나무라는 뜻의 한자어야.

이 리그넘 바이티의 밀도는 물보다 무거운 1.2 정도야. 또 물에 뜨는 나무라고 해도 종류에 따라 밀도가 천차만별이야. 가구나 악기 제작에 많이 사용되는 오동나무는 밀도가 0.27로 매우

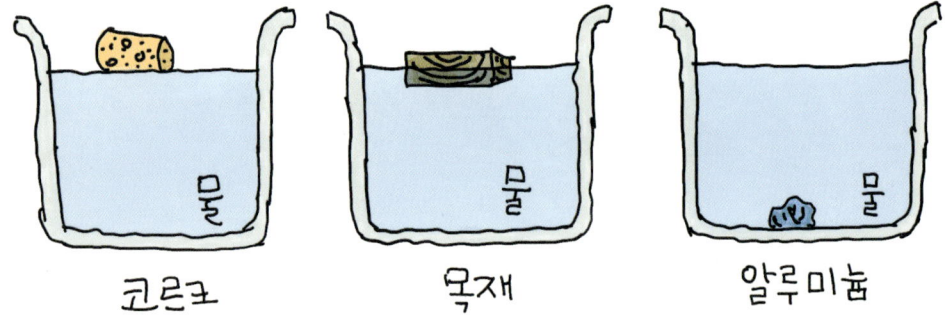

낮아. 가을이 되면 노란 잎으로 거리를 물들이는 은행나무 밀도는 0.55로 중간 정도이고, 옛날 포졸들이 무기로 들고 다닌 육모방망이의 재료가 되는 박달나무의 밀도는 0.9로 나무 중에서도 밀도가 꽤 높은 축에 속해.

이렇게 밀도 수치만 봐도 그 물체가 완전 잘 뜨는지, 뜨긴 뜨는데 대충 뜨는지, 잠수함처럼 꼬르륵 가라앉는지 짐작할 수 있어. 예를 들어, 포도주병의 뚜껑으로 사용되는 코르크는 밀도가 0.2이고, 가구용 목재의 밀도는 0.6, 알루미늄의 밀도는 2.7이야. 이 물체 셋을 물에 넣으면 코르크가 가장 잘 뜨고, 가구용 목재는 일부가 물에 잠기면서 뜨고, 알루미늄은 바닥에 가라앉는단다.

쇠로 만든 배가 물에 뜨는 이유

배는 사람이나 물건을 싣고 물 위를 이동하는 교통수단이야. 배는 만들어진 목적이나 기능에 따라 다양한 종류가 있어. 원유를 수송하는 유조선, 관광 목적으로 만들어진 유람선, 해상에서 전투를 수행할 목적으로 건조된 군함, 북극해나 남극해처럼 얼음으로 뒤덮인 바다를 이동할 때 해수면에 얼어붙은 얼음을 부

수어서 바닷길을 만드는 쇄빙선 등등. 이 배들은 불리는 이름도 다르고 목적도 다르지만 모두 금속으로 만들어져 있어. 돛단배나 나룻배와 같은 옛날 배들은 나무로 만들었지만 요즘 배는 다 금속으로 만들어져. 나무보다 금속이 훨씬 튼튼하기 때문이야.

그런데 철과 같은 금속은 밀도가 물보다 높아 가라앉는데, 어떻게 금속으로 만든 배가 뜰 수 있을까? 그 비결은 부피를 늘리는 것이었어.

밀도는 부피에 대한 질량의 비율이라고 했잖아? 이것을 식으로 표현하면 다음과 같아.

$$밀도 = \frac{질량}{부피}$$

그런데 밀도가 작을수록 그 물체는 물에 잘 뜬다고 했잖아? 이 공식에서 밀도를 작게 하려면 어떻게 해야 할까? 분자인 질량을 작게 하거나 분모인 부피를 크게 해야 해. 고무찰흙을 뭉치면 물에 가라앉아. 그런데 같은 양의 고무찰흙을 넓게 펴면 거짓말처럼 물에 떠. 넓게 펴면 부피가 늘어나 밀도가 줄어들기 때문이야.

금속으로 만든 배가 물에 뜨는 것도 이 원리를 이용한 것이

야. 금속을 넓게 펴서 부피를 최대한 늘리면 밀도가 대폭 줄어들거든. 또 배의 밑부분에 공갈빵처럼 빈 공간을 만들고 거기에 가벼운 공기를 채우면 부피 대비 질량이 낮아져 전체 밀도를 다시 줄일 수 있어.

    잠수함도 이 원리를 응용해. 잠수함은 앞부분과 뒷부분에 밸러스트 탱크라는 큰 공간이 있어. 잠수함이 물속에 들어갈 때는 이 탱크에 바닷물을 가득 채워. 그럼 잠수함의 밀도가 높아져서 바닷속으로 쉽게 들어갈 수 있어. 잠수함이 떠오를 때는 밸러스트 탱크의 물을 버리고 대신 공기를 채워. 그럼 잠수함의 밀도가 낮아져서 쉽게 수면으로 부상할 수 있어.

사라진 내 몸무게는 어디로 갔지?

 뼈와 근육과 관절이 아픈 환자에게 의사는 재활 운동으로 수영을 권유해. 꼭 수영이 아니어도 괜찮아. 물의 밀도는 공기의 800배가 넘기 때문에 물속에서 걷는 것만으로도 근력을 강화할 수 있고, 지상에서 걸을 때보다 통증도 덜하고 관절이나 뼈에 무리도 훨씬 적어. 물속에 있으면 몸이 가벼워지기 때문이야.

 강이나 하천, 바다 혹은 수영장에 들어가면 평소보다 몸이 가볍다는 느낌을 받은 적이 있을 거야. 그것은 단지 느낌적인 느낌이 아니야.

요즘 많은 사람이 건강을 위해 걷거나 달리기를 해. 그런데 걸을 때는 자기 몸무게의 약 2배, 달리기를 할 때는 자기 몸무게의 3배 이상의 힘 (충격)이 각각 무릎에 실려. 그래서 관절이나 근육이 약한 사람에게는 걷거나 달리는 것이 무리가 될 수 있어.

그런데 물속 걷기는 좀 달라. 사람이 수영장이나 강에 들어갔을 때 물이 허벅지까지 차오르면 관절이 받는 무게는 자기 체중의 약 35퍼센트 정도가 줄어들어. 물이 가슴까지 차오르면 75퍼센트, 목까지 차오르면 무려 90퍼센트나 감소해. 그래서 관절이 아프거나 연골이 닳은 환자들에게는 걷기나 달리기보다 수영이나 수중 걷기가 훨씬 효과적인 재활 운동이야. 그 비결이 바로 부력이야.

무게는 물체의 질량에 지구의 중력이 가해지는 힘이야. 그런데 부력은 끌어내리는 중력과 반대 방향인, 위로 밀어 올리는 힘이지. 그래서 물속에서는 지상에 있을 때보다 중력이 줄어들어 몸무게도 적게 나오는 거야. 이렇게 물속에서 측정한 몸무게를 '겉보기 무게'라고 해. 겉보기 무게를 식으로 나타내면 다음과 같아.

겉보기 무게 = 실제 무게 − 부력 크기

예를 들어, 60킬로그램인 철수가 수영장 물에서 체중을 쟀더니 45킬로그램이 되었어. 사라진 15킬로그램의 무게만큼의 물이 위로 밀려 올라갔기 때문이야. 그 사라진 15킬로그램이 바로 부력의 크기가 되는 거고.

사람의 체중만 줄어드는 게 아니야. 강바닥에는 많은 자갈과 바위가 깔려 있어. 이 돌들은 밀도가 물보다 높아 가라앉았지만 부력을 받아 원래 무게보다는 가벼워져 있어. 그래서 물속에서는 훨씬 적은 힘으로 자갈이나 바위를 들어 올릴 수 있어. 이처럼 물속에서는 부력 때문에 물체가 가벼워지는 것을 '아르키메데스 원리'라고 해. 아르키메데스는 고대 그리스의 철학자이자 물리학자의 이름이야.

명탐정 아르키메데스

6월 14일은 '세계 목욕의 날'이야. 많고 많은 날 중에 왜 하필 6월 14일이냐 하면, 아르키메데스가 목욕하다가 부력의 원리를 발견한 날이기 때문이야.

2300년 전, 지중해의 시라쿠사 지역을 다스리던 히에론 2세라는 왕이 살았어. 어느 날, 왕은 신에게 바칠 금관을 만들어야겠다고 생각했어. 그래서 솜씨 좋은 금세공업자를 불러 금을 주고 금관을 제작하라고 지시했어. 시간이 흘러, 금세공업자는 완성된 금관을 왕에게 바쳤지. 완성된 금관은 매우 훌륭했기 때문에 왕은 대단히 흡족했어.

그런데 얼마 후 왕은 수상한 소

문을 듣게 되었어. 금세공업자가 왕이 준 금의 일부를 빼돌리고 은을 섞어 금관을 만들었다는 거야. 하지만 겉으로 봐서는 은이 섞인 흔적이 없었어. 심지어 금관의 무게도 왕이 준 금의 무게와 똑같았어. 왕은 아르키메데스를 불러 소문이 사실인지 아닌지를 알아내라고 지시했어. 단, 금관을 부수지 않고 알아내라는 아주 까다로운 조건까지 달았어.

아르키메데스는 마치 탐정이라도 된 듯 금관을 두드려도 보고 만져도 보고 냄새도 맡아 봤어. 별별 짓을 다 했지만 영 신통치 않았어.

"금세공업자가 분명히 어떤 속임수를 쓴 것 같은데, 그게 뭔지 도무지 알 수가 없단 말이야."

그렇게 시간이 무심하게 흘렀어. 금관과 씨름하느라 지칠 대로 지친 아르키메데스는 피로도 풀 겸 목욕탕에 갔어. 물이 가득 담긴 욕조에 아르키메데스가 들어가자 뜨거운 물이 넘쳐흘렀어. 순간, 그의 머릿속에 불빛이 번쩍 켜

졌어. 욕조에서 흘러넘치는 물을 보다가 금관의 속임수를 풀 수 있는 힌트를 얻었던 거야. 어찌나 기뻤던지 아르키메데스는 옷도 입지 않고 거리로 나와 "유레카! 유레카!" 하고 외쳤어. '알아냈다!'라는 뜻이지.

아르키메데스가 알아낸 것은 부력의 비밀이었어. 물은 물체가 잠긴 부피만큼 밀어내는 성질이 있어. 물체가 더 깊이 잠길수록 더 많은 물을 밀어내지. 서로 다른 물질은 무게가 같아도 애초에 부피가 달라서 물이 밀어내는 물의 양도 달라.

아르키메데스는 금관과 똑같은 무게의 금덩어리를 준비해 각

요거로는 내 목걸이 만들어야지!

금

은을 이 정도는 써야 내가 훔친 금 무게만큼 되겠지!

은

각 물에 집어넣었어. 만일 금세공업자가 정직했다면 금관과 금덩어리를 집어넣을 때 같은 양의 물이 흘러넘칠 거야. 하지만 금관을 넣었을 때 많은 물이 흘러넘쳤어. 금관의 부피가 금덩어리보다 크다는 뜻이야.

금관에 금이 아닌 다른 금속이 섞였다는 결정적인 증거가 나온 거야. 소문이 맞았어. 금 세공업자는 금관을 만들 때 몰래 은을 섞었던 거야.

금은 은보다 밀도가 2배 정도 높은 물질이야. 밀도가 높다는 것은 무겁다는 뜻이야. 즉, 금세공업자가 자신이 빼돌린 금과 같은 무게의 은을 채워 넣으려면 은의 부피가 빼돌린 금의 부피보다 커야 했어.

이 부분이 잘 이해가 안 되는 친구들은 쇠젓가락과 나무젓가락을 생각해 봐. 두 젓가락은 부피는 비슷하지만, 쇠젓가락이 훨씬 무거워. 왜일까? 쇠가 나무보다 밀도가 높으니까 그래. 쇠젓가락과 같은 무게가 되려면 나무젓가락을 여러 개 겹쳐야 할 거야. 즉, 나무젓가락의 부피가 커져야 쇠젓가락의 무게와 비슷해지는 거야.

애초에 금세공업자는 금관의 무게만 맞추면 아무도 눈치채지 못할 거라 생각했어. 그래서 빼돌린 금의 무게만큼 은을 채워 넣었어. 그런데 은은 금보다 밀도가 낮은 물질이므로 빼돌린

금의 부피보다 더 많은 부피의 은을 채워 넣어야 간신히 무게를 맞출 수 있었어. 그래서 금관의 전체 부피가 늘어났던 거야. 금세공업자는 무게를 맞추는 것에만 신경을 쓴 나머지 부피가 늘어난 것은 눈치채지 못했어. 명탐정 아르키메데스는 부력을 이용해 이 트릭을 멋지게 간파해 냈어.

사람을 태운 풍선, 열기구 이야기

이건 알고 있니?

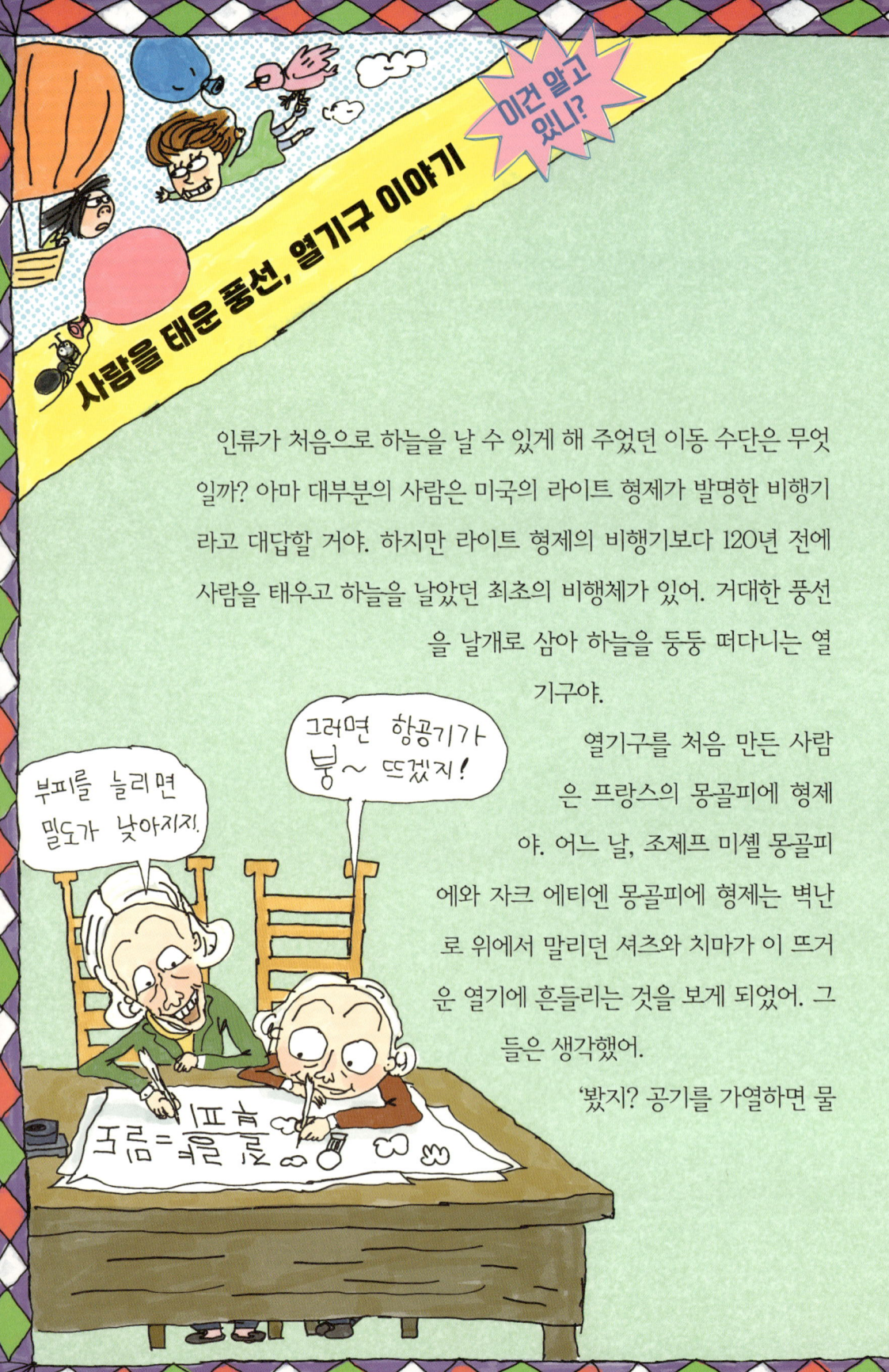

인류가 처음으로 하늘을 날 수 있게 해 주었던 이동 수단은 무엇일까? 아마 대부분의 사람은 미국의 라이트 형제가 발명한 비행기라고 대답할 거야. 하지만 라이트 형제의 비행기보다 120년 전에 사람을 태우고 하늘을 날았던 최초의 비행체가 있어. 거대한 풍선을 날개로 삼아 하늘을 둥둥 떠다니는 열기구야.

열기구를 처음 만든 사람은 프랑스의 몽골피에 형제야. 어느 날, 조제프 미셸 몽골피에와 자크 에티엔 몽골피에 형제는 벽난로 위에서 말리던 셔츠와 치마가 이 뜨거운 열기에 흔들리는 것을 보게 되었어. 그들은 생각했어.

'봤지? 공기를 가열하면 물

체를 띄울 수 있어. 어쩌면 사람도!'

바로 부력이야. 부력은 대부분 물과 같은 액체에서 나타나는 현상이지만 아주 드물게 공기에서도 볼 수 있어.

1782년 몽골피에 형제는 비단으로 거대한 주머니를 만든 다음 짚을 연료로 태웠어. 그럼 주머니 내부에 든 공기 온도가 상승해. 온도가 상승하면 공기의 입자 운동이 활발해지면서 부피가 증가해. 밀도는 질량/부피잖아? 분모인 부피가 상승하면 밀도의 크기가 작아지겠지? 밀도가 작아지면 부력은 커지고. 이 원리로 열기구는 둥둥 뜰 수 있는 거야.

　열기구를 착륙시키고 싶을 때는 화력을 낮추면 돼. 뜨거운 공기가 식으면 공기의 부피가 감소하기 때문에 밀도가 커져 부력이 감소하거든.

　몽골피에 형제가 만든 열기구 실험은 성공이었어. 고도 1600미터까지 상승한 열기구는 2킬로미터를 비행하다 떨어졌어. 하지만 불을 뿜으며 하늘을 나는 열기구에 깜짝 놀란 마을 사람들이 유령으로 착각해 열기구를 때려 부수고 말았어. 이 실험에는 사람을 태우지 않았어. 열기구가 하늘을 날 수 있을지 없을지 모르는 아주 위험한 실험이었으니까.

　다음 해인 1783년 11월 21일, 사람들이 지켜보는 가운데 사람을 열기구에 태운 인류 최초의 유인 비행 도전이 시작되었어. 이 위험하기 짝이 없는 실험에서 가장 중요한 문제는 과연 누구를 기구에 태우느냐였지. 이에 대해 프랑스 국왕 루이 16세가 섬뜩한 제안을 했어.

"그럼 죽어도 괜찮은 놈을 태워."

"그게 누군데요?"

"사형수."

사람들은 그래도 인류 최초의 유인 비행 실험인데, 사형수보다는 기품 있고 선한 사람이 타야 한다고 반대했어. 그래서 의사 한 명과 후작, 이렇게 두 사람이 열기구에 탑승했어. 고도 90미터까지 상승한 열기구는 25분 동안 8.8킬로미터를 성공적으로 비행했어. 인류가 처음으로 하늘을 날았던 역사적인 순간이었어.

5장
다른 듯 닮은꼴인 두 개의 힘, 전기와 자기

 플러스 전기와 마이너스 전기

전기에는 크게 두 종류가 있어. 플러스(+) 성질을 띠는 것과 마이너스(-) 성질을 띠는 전기야. 물리학에서는 이런 전기적 성질을 '전하'라고 해. 플러스 성질을 띠는 전기는 양전하, 마이너스 성질을 띠는 전기는 음전하, 이렇게 부르지.

왜 양극과 음극을 +와 -로 표시할까?

한국과 일본에서는 전하(전기적 성질)를 구별할 때 플러스, 마이너스, 건전지의 양극도 플러스극, 마이너스극이라고 말한다. 하지만 영어권 국가에서는 그런 표현은 사용하지 않는다. +는 포지티브(Positve), -는 네거티브(Negative)라고 말한다. 영어로 양수를 포지티브 넘버(Positive number) 음수를 네거티브 넘버(Negative number)라고 하기 때문이다. 전하에 포지티브, 네거티브라는 이름을 처음 붙인 사람은 18세기 미국의 정치가이자 과학자인 벤저민 프랭클린이다. 프랭클린은 피뢰침을 발명해 번개로부터 수많은 건물을 보호한 것으로도 유명하다.

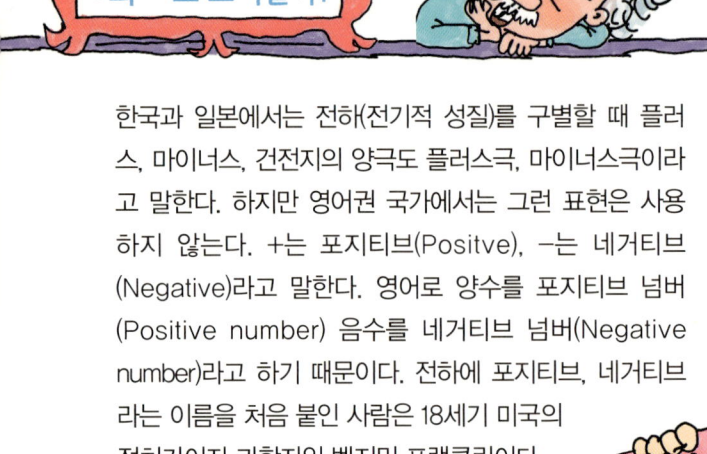

전기는 자석과 많이 닮았어. 전기에 양전하와 음전하가 있다면 자석에는 N극과 S극이 있어. 자석은 같은 극끼리는 서로 밀어내고, 다른 극끼리는 서로 당기는 성질이 있잖아? 전기도 같아. 양전하는 양전하끼리 밀어내고, 음전하도 음전하끼리 밀어내. 하지만 양전하와 음전하는 서로 끌려 들어가. 한눈에 반한 남녀처럼 말이야. 그럼 지금부터 어떤 것이 양전하이고, 어떤 것이 음전하인지 자세히 알아보도록 해.

인간을 포함해 모든 생명체와 물체는 원자라는 작은 입자로

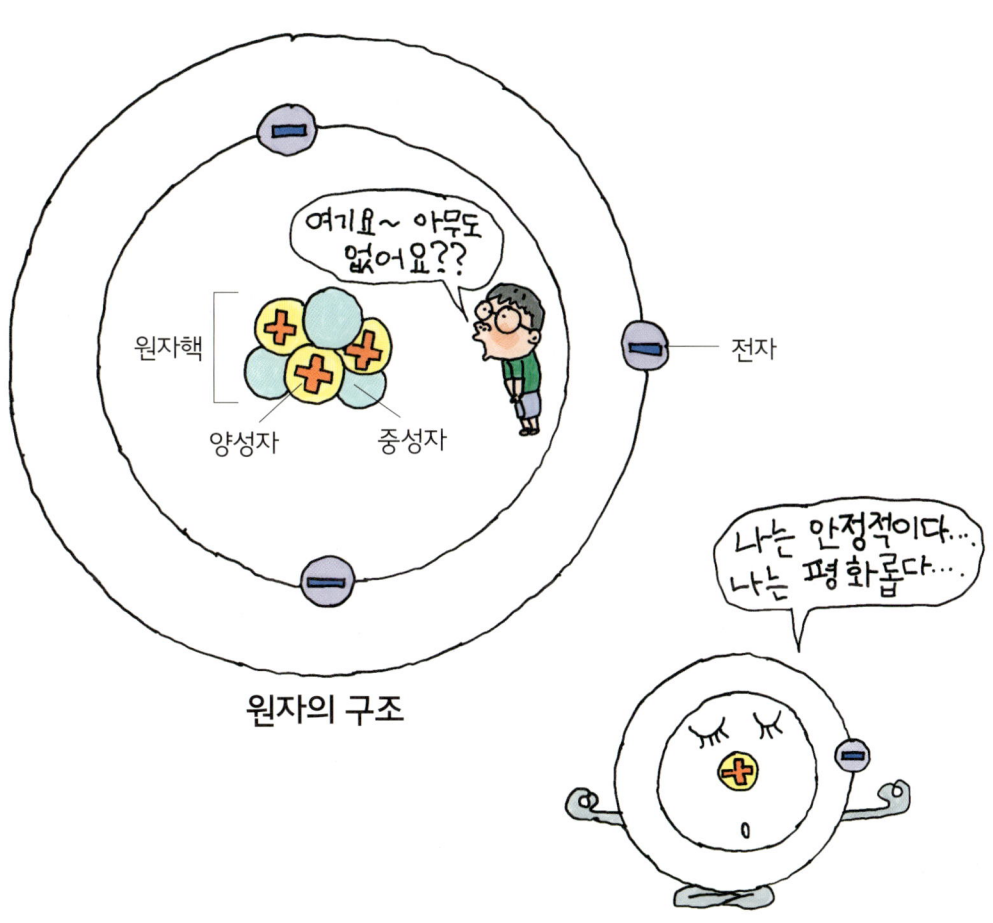

원자의 구조

이루어져 있어. '입자'란 아주 작은 물체란 뜻이야. 원자의 구조는 퍽 단순해. 중앙에 원자핵이 있고, 그 주변을 전자라는 아주 아주 작은 입자가 인공위성처럼 돌고 있어. 나머지는 아무것도 없어. 대략 원자의 99퍼센트가 텅 빈 곳이야.

원자핵을 열어 보면 그 내부에 양성자라는 입자가 들어 있어. 양성! 이름에서 딱 느낌이 오지 않니? 맞아. 양성자는 양의 성질을 가진 입자라는 뜻이야. 말하자면 플러스 전기야. 그래서 양성자는 +로 표시해. 원자핵에는 양성자 말고도 중성자도 있어. 중성이라는 이름처럼 이 녀석은 양성(+)도 아니고 음성(−)도 아니야. 아무런 전기적 성질이 없어.

원자핵 주변을 도는 전자는 마이너스 전기야. 음전하니까 −로 표시해. 앞 페이지의 원자 구조 그림을 자세히 보면, 전자와 양성자의 숫자가 3개로 같지? 이처럼 원자는 같은 수의 전자와 양성자를 갖고 있어. 예를 들어, 수소 원자는 전자도 1개고, 양성자도 1개지. 헬륨 원자는 전자도 2개, 양성자도 2개야. 금은 전자도 79개, 양성자도 79개야. 그래서 원자는 전기적 성질이 없는 중성이야. 마이너스 성질의 전자와 플러스 성질의 양성자 숫자가 같기 때문이야. 이렇게 원자가 전기적으로 중성일 때, 우리는 안정된 상태라고 말해.

전기란 자유전자의 흐름이다

그런데 모든 원자가 전기적으로 중성인 상태를 유지하지는 않아. 원자핵 주변을 열심히 돌던 전자 중에는 느닷없이 "안녕히 계세요, 여러분!" 하며 궤도를 이탈하는 녀석이 종종 있어. 이 자유로운 영혼을 가진 전자를 자유전자라고 해.

자유전자는 금, 은, 구리, 알루미늄, 철에 유독 많고, 고무나 유리, 나무에는 거의 없어. 두 그룹의 차이가 뭘 뜻하는지 혹시 눈치챘니? 정답은 도체와 부도체야. 자유전자가 많은 금, 은, 구리, 철이나 알루미늄 등은 전기가 잘 통하는 도체이고, 자유전자가 적은 고무, 유리, 나무 등

은 전류가 흐르지 않는 부도체야.

전선을 덮은 플라스틱 피복을 벗기면 그 안에 검붉은색 구리가 들어 있어. 구리는 자유전자가 아주 많아서 전류가 잘 흐를 수 있거든. 하지만 아무리 구리 안에 자유전자가 많아도 그것만으로는 전기가 통하지 않아. 자유전자들은 영혼이 자유로워서 그런지 굉장히 무질서해. 동쪽으로 움직이는 놈도 있고, 서쪽으로 움직이는 놈도 있어.

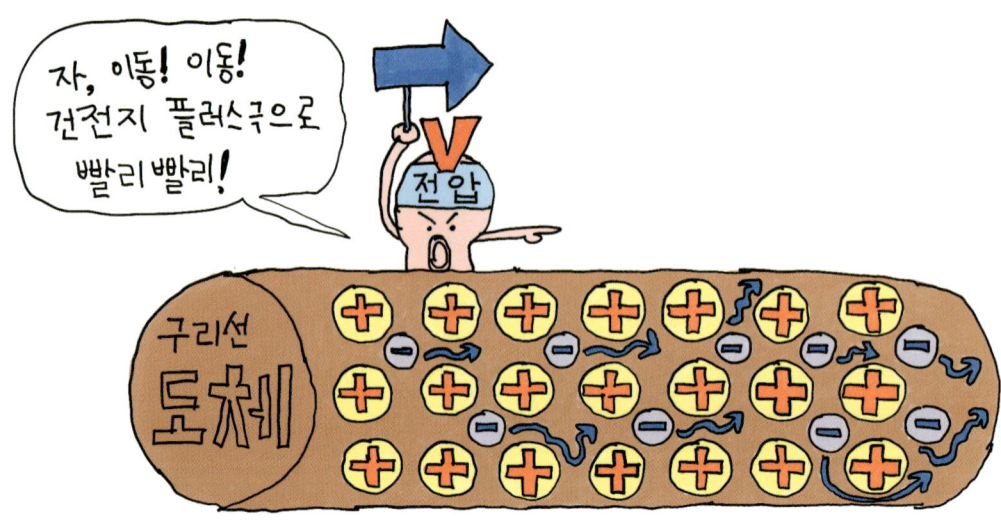

그런데 이 구리선에 건전지를 연결하는 순간 천방지축인 자유전자들은 순식간에 훈련 잘 받은 군인처럼 질서 있게 한 방향으로 척척 이동을 시작해. 이렇게 건전지가 자유전자를 한 방향으로 이동하도록 부추기는 것을 '전압'이라고 해. 건전지 겉면을 살펴보면 1.2V, 1.5V, 3V 같은 표시가 적혀 있는 것을 볼 수 있어. 이것이 전압이야. V는 전압을 뜻하는 볼티지(Voltage)의 약

자로, '볼트'라고 읽어. 전압이 큰 건전지일수록 더 많은 자유전자를 흐르게 할 수 있어.

　자유전자의 목적지는 건전지의 플러스극이야. 왜냐하면, 전자가 마이너스 성질을 띤 전기이기 때문이야. 전기도 자석처럼 같은 성질은 밀어내고, 다른 것에 끌리거든. 이렇게 전자가 한 방향으로 흐르는 것을 전류라고 하고, 이 전류가 구리와 같은 도체를 통해 흐르는 것을 전기라고 불러. 즉, 전기란 자유전자가 흐르는 현상을 뜻해.

전자와 전류의 이동 방향이 다르다고 교과서에서 가르치는 이유

과학 교과서에는 전류는 양극에서 음극으로, 전자는 음극에서 양극으로 이동한다고 말하고 있어. 즉, 전류와 전자는 반대 방향이라고 설명하고 있지. 그것을 표현한 그림도 있어.

하지만 곰곰이 생각해 보면 이건 말이 안 된다는 것을 알 수 있어. 전류란 전자(자유전자)가 이동하는 현상이야. 즉, 전자와 전류의 방향이 다를

수가 없어. 전자와 전류는 같은 방향으로 이동하는 게 맞아. 그런데 왜 교과서에서는 전류와 전자가 반대 방향으로 움직인다고 말할까?

인류는 수천 년 전부터 번개와 정전기를 경험하면서 전기의 존재를 알고 있었어. 하지만 전기의 정체가 무엇인지는 알지 못했어. 그러다 1800년 이탈리아 과학자 알렉산드로 볼타가 최초의 전지를 개발했어. 이 전지가 지금 우리가 사용하는 건전지의 원조야. 이때 볼타는 전류는 양극(+)에서 음극(-)으로 흐른다고 말했어. 하지만 볼타도 제대로 알고 말한 것은 아니었어. 볼타

역시 전류의 정체가 무엇인지 몰랐지만, 이때부터 전류는 양극에서 음극으로 흐른다는 것이 과학계 상식으로 굳어져 버렸어.

그런데 100년 후, 영국의 물리학자 조지프 톰슨이 전자를 발견했어. 전자를 연구하던 과학자들은 이 작은 입자가 흐르는 것이 전류의 실체이고, 전기라는 것을 알게 되었어. 그런데 전자는 볼타의 말과는 반대로 음극에서 양극으로 움직이고 있었어. 볼타가 틀렸고, 자신들이 믿었던 전류의 방향이 틀렸던 거야.

과학자들은 당황했지만 지금 와서 책 내용을 바꾸는 건 너무 늦었다고 생각했어. 그 많은 교과서를 다시 수정하는 것도 엄두가 안 나고, 그렇게 알고 배웠던 사람들에게 "사실, 당신이 배운 건 틀렸습니다."라고 말하기도 쉽지 않은 일이었어. 그래서 전류는 건드리지 않고 전자의 방향만 새롭게 교과서에 추가한 거란다.

 **정전기의 정체**

빗으로 머리를 빗다 보면 종종 머리카락이 빗에 달라붙는 경우가 있어. 왜 이런 일이 발생할까? 원래 빗과 머리카락은 음전하도 아니고 양전하도 아닌 중성이야. 즉, 양전하인 양성자와 음전하인 전자의 숫자가 일치해 균형을 이루고 있는 상태야.

그런데 빗과 머리카락이 부딪히는 과정에서 머리카락에 있는 자유전자들이 의리 없게 빗으로 이동을 해 버려. 머리카락은 음전하인 자유전자를 왕창 빼앗기는 바람에 양전하 숫자가 더 많아져서 중성 상태가 붕괴하여 양전하를 띠게 되지. 반대로 자유전자를 받은 빗도 음전하 숫자가 많아져서 역시 중성 상태가 붕괴하여 음전하를 띠게 되겠지? 이렇게 전기적으로 중성이었던 물체가 전하를 띠게 되는 현상을 '대전', 대전된 물체를 '대전체'라고 불러. 전기는 음전하와 양전하가 서로 끌리는 성질이 있다고 했잖아? 그래서 빗에 머리카락이 들러붙는 거야.

앞에서 우리는 자유전자가 전선을 타고 흐르는 전기에 대해 알아보았어. 이런 전기를 '동전기'라고 해. '동(動)'은 움직인다는 뜻의 한자야. 우리가 가정과 사무실, 공공장소에서 사용하는 전기는 동전기야. 그런데 빗과 머리카락 사이에서 발생하는 전기와는 아주 달라. 동전기처럼 흐르지 않고 그 자리에 머물러 있어. 그래서 이런 전기를 정전기라고 불러. '정(靜)'은 움직이지 않는다는 뜻의 한자야.

이런 정전기는 일상에서 자주 그리고 다양한 형태로 경험할 수 있어. 스웨터를 벗을 때 불꽃이 튀는 것도, 금속 재질의 문손잡이를 쥐었을 때 짜릿한 것도, 번개가 치는 것도 정전기야. 주유소에서 자동차에 기름을 넣다가 정전기 때문에 화재가 발생한 적도 있어.

우리의 생활을 편리하게 해 주는 일반적인 전기인 동전기와 다르게, 정전기는 썩 반갑지 않은 존재로 알려져 있어. 정전기도 따지고 보면 전기는 맞지만, 그걸로는 텔레비전을 볼 수 없고 휴대전화 충전도 안 되며, 모터를 돌리지도 못해. 도움까지는 안 바랄 테니 예고 없이 불쑥불쑥 나타나 깜짝 놀라게만 하지 않았으면 좋겠다고 생각하는 사람들도 많아.

이렇게 미운 오리 새끼 취급을 받는 정전기이지만, 인간에게 전혀 도움이 되지 않는 것은 아니야. 정전기 기술을 이용한 제품들도 있어. 대표적인 것이 미세먼지를 걸러 주는 공기청정기야. 공기청정기는 방 안에 떠도는 미세먼지를 음전하로 만든 다음 공기청정기 내부의 양전하에서 먼지를 빨아들이는 원리야. 그 밖에 미세먼지 마스크와 복사기와 프린터도 정전기 원리를 활용한 제품이야.

 ## 자석의 역사

자석은 2600년 전 그리스 마그네시아(Magnesia) 지역의 양치기가 처음 발견했다는 이야기가 전해져. 양치기가 신은 신발 바닥에 박힌 못과 들고 있던 철 지팡이가 어떤 돌에 끌려갔다지 뭐야. 자석이 처음 발견된 마그네시아 지역 이름을 따서 자석에 마그넷(Magnet)이라는 이름을 붙였다고 해. 우리가 쓰는 자석(磁石)은 한자어야. 한자를 풀이하면, 철을 끌어당기는 자석의 성질이 마치 '자식을 끌어안는 어머니의 인자함과 닮은 돌'이라는 뜻이야.

옛날 중국인들은 자석에 신비로운 힘이 있다고 생각해서 운을 점쳐 보거나 환자를 치료하는 데 사용했어. 또 고대 그리스 철학자들은 자석이 철을 끌어당기는 현상에 어떤 깊은 의미가 있는지 철학적으로 토론을 하곤 했어.

자석이 인류 문명에 가장 크게 공헌한 것은 나침반이었어. 배를 타고 항해하는 선원들은 나침반이 등장하기 전에는 하늘의 북극성이나 불어오는 바람을 통해 현재 위치와 방향을 판단했

어. 하지만 별이 보이지 않는 흐린 날이나 바람이 불지 않을 때는 위치와 방향을 파악하지 못해 애를 먹었지. 그러다 11세기 중국에서 처음으로 나침반이 등장했어. 항상 북쪽과 남쪽을 가리키는 나침반 덕분에 선원들은 정확하게 바닷길을 찾을 수 있었고, 더 먼 바다를 항해할 수 있었어. 그래서 나침반은 화약, 종이 인쇄술과 더불어 중국의 4대 발명품이라고 불리고 있단다.

자석을 아무리 쪼개도 N극과 S극을 가지는 이유

자석은 참 신기한 물질이야. 막대자석은 N극과 S극으로 되어 있잖아? 두 극이 만나는 중간 경계선을 잘라 반 토막을 내면 어떻게 될까? N극 토막은 다시 N극과 S극으로 나뉘고, S극 토막도 N극과 S극으로 나뉜단다. 반 토막 자석을 다시 반으로 자르고, 그 반반 토막을 다시 반으로 잘라도 결과는 마찬가지야. 절대로 죽지 않는 좀비처럼 자석은 아무리 자르고 잘라도 항상 그 성질을 유지해.

막대자석만 그런 게 아니야. 말굽자석이나 원형 자석을 반으로 잘라도 똑같은 현상이 발생해. 크기가 줄어든 만큼 물체를 끌어당기는 자기력은 약해지지만 말이야. 자석의 이런 불가사의한 능력의 비밀은 그 내부에 있어.

앞에서 물질의 최소 단위는 원자라고 한 말 기억나니? 막대자석을 계속 쪼개고 또 쪼개다 보면 결국 원자에 도달해. 그 막대자석의 원자 하나하나가 N극과 S극을 모두 갖고 있어. 그래서 자석은 아무리 쪼개도 N극과 S극을 유지하는 거야.

잘라도 잘라도 잘라도… 자석이야… N, S, N, S, N, S… 뭐 이런 애가 다 있어…

우린 원자 하나 하나에도 N극 S극을 갖고 있는걸!

전기는 자기를 낳고, 자기는 전기를 낳는다

철을 자석에 갖다 대면 착 하고 달라붙어. 이렇게 자석이 물질을 끌어당기는 작용을 '자기'라고 해. 그리고 이 자기가 작용하는 공간이나 그 힘을 자기장이라고 부르지. 자기장은 자석에서 가까울수록 강해지고 멀수록 약해져. 거실에 있는 자석이 안방에 있는 철사 못을 끌어당기지 못하는 것은 둘 사이의 거리가 너무 멀어 자기장이 약하기 때문이야.

이런 자기가 발생하는 원인은 자석 원자에 있는 전자의 움직임 때문이야. 전자가 원자핵 주변을 도는 과정에서 자기장이 발생하거든. 전자가 흐르면 전기가 발생하고, 전자가 원자핵을 중심으로 운동을 하면 자기가 발생해. 이처럼 전기와 자기는 같은

줄기에서 갈라진 가지처럼 닮은 데가 많아.

전기와 자기의 관계를 한마디로 표현하자면, '서로가 서로의 그림자' 같은 존재야. 전기가 있는 곳에는 자기가 그림자처럼 나타나고, 자기가 주인공인 현장에는 전기가 그림자가 되어 말없이 뒤를 따라. 예를 들어 볼까? 가정과 사무실, 산업 현장에서 사용하는 전기는 발전소에서 만들어 보내 준 것이야. 그런데 발전소는 전기를 생산할 때 반드시 자석을 이용해.

또 선풍기, 드라이어기, 청소기, 전기 자동차는 모터로 움직여. 모터란 전기가 공급되면 그 힘으로 물레방아처럼 빙글빙글 돌아가는 기계장치를 말해. 그런데 이 모터는 같은 극끼리는 밀고 다른 극끼리는 서로 당기는 자석의 성질로 움직여.

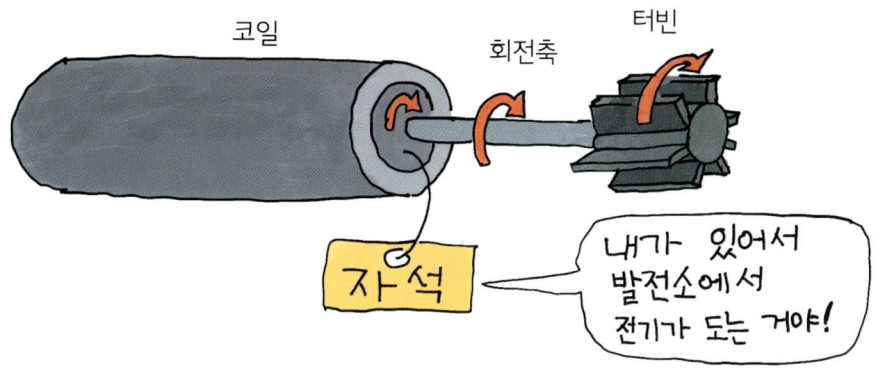

전자파라는 말을 들어 봤을 거야. 스마트폰이나 TV, 전기장판 같은 전자제품에서 뿜어져 나오는 전파 말이야. 전자파는 전자기파의 줄임말이야. 전기와 자기가 상호 작용을 하면서 만들어진 전파가 전자기파거든.

이처럼 전기와 자기는 떼려야 뗄 수 없는 사이야. 전기의 정체를 알려면 자석의 힘인 자기를 알아야 하고, 자기를 모르고서 전기를 안다고 할 수 없어.

나침반 N극과 S극이 바뀐다고?

이건 알고 있니?

우리가 사는 지구는 하나의 거대한 자석이야. 나침반의 N극이 북쪽을 가리키는 것도 거기가 S극이기 때문이야. 자석은 다른 극끼리 끌어당기는 성질이 있으니까. 그런데 나침반의 N극이 가리키는 방향과 실제 북쪽과는 약간의 차이가 있어.

지구는 제자리에서 회전하는 자전 운동을 해. 그런데 지구의 자전축은 수직이 아니라 23.5도 기울어져 있으므로 삐딱하게 자전을 해. 이렇게 삐딱하게 도는 우리나라에는 사계절이 있는 거야.

아무튼, 이 기울어진 자전축 때문에 지구의 정확한 북쪽은 북극성 방향에 있는 북극이야. 이곳을 진짜 북쪽이라고 해서 진북이라고 해. 그런데 나침반이 가리키는 북쪽은 캐나다 북쪽 허드슨만 부근이야. 나침반 자침(바늘침)이 가리키는 북쪽이라고 해서 자북이라고 하지. 자북은 매년 조금씩 러시아 시베리아 쪽으로 옮겨 가고 있다고 해. 그래서 약 1천 킬로미터였던 진북과 자북 사이의 거리가 점점 가까워지고 있지.

진북과 자북의 차이가 발생하는 이유는 지구의 N극과 S극이 지금 이 순간에도 변하고 있기 때문이야. 분명 미래 어느 시점이 되면 지구의 N극과 S극 위치는 완전히 뒤바뀌어서 나침반 N극은 북쪽을 S극은 남쪽을 가리키는 날이 올지도 몰라. 이것을 지자기 역전 현상이라고 해. 지구의 양극이 바뀐다는 것은 곧 지구의 자기장이 변한다는 뜻이니까.

왜 이런 일이 발생하는지는 아직도 명확하게 밝혀지지 않았어. 다만 확실한 것은 이런 일이 처음이 아니라는 사실이야. 과학자들의 연구에 따르면, 지난 1억 년 동안 약 170번의 지자기 역전이 발생했어. 대략 20~30만 년마다 한 번꼴로 일어난 셈이지. 그런데 마지막 지자기 역전은 약 78만 년 전이었어. 대략 구석기 시대야. 78만 년이면 그동안 최소 두 번은 지자기 역전이 일어났어야 할 시간인데 이상할 정도로 아무런 일이 없었어. 그래서 더 불안하기는 해.

만일 지자기 역전이 일어나면 지구에는 어떤 일이 발생할까? 이에 대해서는 학자마다 생각이 달라. 어떤 학자는 지자기 역전이 급격하게 일어나면 인간을 포함한 모든 생명체가 멸종된다고 보고 있어. 우리 눈에는 보이지 않지만, 지구는 자석이기 때문에 지구 주변에 자기장이 형성되어 있어. 이 자기장은 태양에서 날아오는 위험한 태양풍을 차단해 주는 든든한 방패 역할을 해. 그런데 급격한 지자기 역전으로 자기장이 소멸하면 지구의 모든 생명체는 태양풍에 노출되어 멸종한다고 말해.

반면, 지자기 역전이 발생해도 자기장이 사라지는 일은 없을 거라고 예측하는 학자들도 많아. 지구에 생명체가 등장한 후에도 지자기 역전은 몇 번 나타났지만, 여전히 생명체가 생존하고 있기 때문이란다.